SIWEI YOUXI ZONGDONGYUAN CONGSI

思维游戏总动员丛书

青少年最喜爱的思考力

思维游戏

刘芳 主编

时代出版传媒股份有限公司
安徽文艺出版社

图书在版编目（ＣＩＰ）数据

青少年最喜爱的思考力思维游戏 / 刘芳主编. — 合肥：安徽文艺出版社，2012.2（2024.1重印）
（时代馆书系·思维游戏总动员丛书）
ISBN 978-7-5396-3993-2

Ⅰ. ①青… Ⅱ. ①刘… Ⅲ. ①智力游戏－青年读物②智力游戏－少年读物 Ⅳ. ①G898.2

中国版本图书馆 CIP 数据核字(2011)第 247668 号

青少年最喜爱的思考力思维游戏
QINGSHAONIAN ZUI XIAI DE SIKAOLI SIWEI YOUXI

··

出 版 人：朱寒冬
责任编辑：秦 雯　　　　　　装帧设计：三棵树　文艺

··

出版发行：安徽文艺出版社　　www.awpub.com
地　　址：合肥市翡翠路 1118 号　　邮政编码：230071
营 销 部：(0551)3533889
印　　制：唐山富达印务有限公司　　电话：(022)69381830

··

开本：700×1000　1/16　印张：10　字数：123 千字
版次：2012 年 2 月第 1 版
印次：2024 年 1 月第 3 次印刷
定价：48.00 元

··

（如发现印装质量问题，影响阅读，请与出版社联系调换）

版权所有，侵权必究

前 言

思考能力是我们一生中极其珍贵的一项品质。只有通过思考，揭露隐藏于现象背后的规律，我们才能制定出正确的方案，解决自己面临的问题。

有人说："未经思考的人生，是不值得一过的。"是的，一个不会思考的人，必然不能在人生的道路上有所成就。一个思考肤浅的人，在人生历程中收获到的成果，也必然是低水平的。

那么，人们的思考能力有高低之分吗？答案是肯定的。因为人的思考能力的形成不是自然而然的，它的形成与生活、学习环境以及主观能动性是紧密相关的。也就是说，要培养思考能力，不但需要营造一个良好的生活与学习环境，还需要发挥自己的主观能动性。

对我们个人而言，发挥主观能动性来培养自己的思考能力，比营造良好的生活与学习环境要重要得多！那么，如何培养自己的思考能力呢？

人们常说："兴趣是最好的老师！"这句话说得非常有道理。青春年少的我们对什么最感兴趣呢？绝大部分同学的答案肯定是"游戏"！也许有的同学会产生这样的疑问："可以在游戏中培养思考能力吗？"当然可以。

在国外，人们很早就把思维游戏列入教学范围。因为思维游戏是提高思考力的一种极好的训练方式，可以帮助游戏者在潜移默化中提升思考能力和思维习惯。但是这并不是说所有的游戏都可以，也不是说所有的游戏在培养思考能力方面的效果都是一样的。

那么，哪些游戏在培养思考能力方面最有效呢？带着这个问题，我们对国内外的经典思维游戏作了一个梳理，并组织编写了这本《青少年最喜爱的思考力思维游戏》。本书分为"数字魔方"、"图形变换"、"疑案推理"、"逻辑谜题"、"奇思妙想"和"综合训练"六个部分。

　　我们从提高思考力的角度出发，对每一个部分的游戏都进行了精心的选择和设计，每个游戏都极具代表性和独创性，内容丰富，难易适度，形式活泼。在游戏的过程中，广大青少年朋友一定会得到更多的视角和解决问题的能力与方法，突破固有的思维模式，在作出决策、解决问题和创意思考等方面，有更杰出的表现。

思维游戏总动员丛书

目 录

数字魔方

还剩多少页 ·············· 2

4 个小箱子 ·············· 2

聪明的小师弟 ·············· 2

公主的年龄 ·············· 2

篮中有几个鸡蛋 ·············· 3

一共多少士兵 ·············· 3

两人分钱 ·············· 3

糖果包装的价格 ·············· 3

假币的损失 ·············· 4

三只茶杯 ·············· 4

农夫卖油 ·············· 4

牛顿的问题 ·············· 4

尼古拉钓鱼 ·············· 4

恐怖分子 ·············· 5

留下的遗产 ·············· 5

狱卒发粥 ·············· 5

遗 书 ·············· 6

现在几点 ·············· 6

地毯的长度 ·············· 6

卡片组数 ·············· 6

蛀虫咬了多长 ·············· 6

吃馒头协议 ·············· 7

工资的分配 ·············· 7

轮胎如何换 ·············· 7

买鸡赚了多少 ·············· 7

奇妙的数字 ·············· 8

山羊吃白菜 ·············· 8

到底是星期几 ·············· 8

10 枚硬币 ·············· 8

冰水体积 ·············· 8

大小香皂 ·············· 8

换汽水 ·············· 9

壶中酒 ·············· 9

快慢不同的手表 ·············· 9

翻墙的蜗牛 ·············· 9

爬楼梯比赛 ·············· 9

与老爸共进晚餐 ·············· 9

好人有好运 ·············· 10

贵族的酒 ·············· 10

环球飞行 ·············· 10

与男友逛夜市 ·············· 11

法式利饼干 ·············· 11

朋友的笑容 …………… 11

犯愁的设计 …………… 12

阿米斯的问题 …………… 12

豪华巨轮 …………… 12

派对上的酒桶 …………… 12

兼职生活 …………… 13

线索套 …………… 13

亲朋好友合影 …………… 13

纳塔兄弟 …………… 13

答案 …………… 14

图形变换

移动 8 次 …………… 23

螺旋变三角形 …………… 23

房子变正方形 …………… 23

至少拿掉几根 …………… 24

搭桥 …………… 24

变换的箭 …………… 24

有水井的花园 …………… 25

等边三角形 …………… 25

先拿哪一根 …………… 25

每列 3 个 …………… 26

8 个棋子 …………… 26

四步围成圆 …………… 26

交换棋子的位置 …………… 27

黑白棋子 …………… 27

拼成一个圆片 …………… 28

一笔把 9 个圆点连起来 …………… 28

按另一种方式栽橡树 …………… 28

栽玫瑰花 …………… 29

一朵八瓣花 …………… 29

用棋子摆方阵 …………… 30

确定木材直径 …………… 30

纸虾 …………… 30

保持面积成比例 …………… 31

篱笆 …………… 31

数正方形 …………… 31

向左转 …………… 31

做个小建筑师 …………… 32

奇怪的锁 …………… 32

玻璃缸里的鱼 …………… 32

单笔画 …………… 33

处决犯人 …………… 34

老实的骗子 …………… 35

谁在前面谁在后面 …………… 35

多变的三角形 …………… 35

火柴游戏 …………… 35

快乐七巧板 …………… 36

杯子游戏 …………… 36

有趣的类比 …………… 36

枪眼 …………… 37

芭芭拉偷点心 …………… 37

"十"字标记 …………… 38

一笔画图 …………… 38

变方块 …………… 38

答案 …………… 39

疑案推理

谁在说谎 ……………… 54

额头上的"王"字 …… 54

谁是小偷 ……………… 54

情报电话 ……………… 54

凶器是什么 …………… 55

投毒命案 ……………… 55

一个关键的指纹 ……… 55

谁杀了双面间谍 ……… 56

雪地上的脚印 ………… 56

离奇命案 ……………… 56

别墅惨案 ……………… 57

巧识凶手 ……………… 57

嫌疑人的短文 ………… 58

杀人浴缸 ……………… 58

沸腾的咖啡 …………… 59

聪明的县令 …………… 59

金笔指证凶手 ………… 60

占卜师之死 …………… 60

名字辨凶 ……………… 61

伪造的遗书 …………… 61

诬陷哑人案 …………… 61

白纸遗嘱 ……………… 62

小偷老手 ……………… 62

追踪逃犯 ……………… 62

智认偷鸡贼 …………… 63

一辆翻车 ……………… 63

谁害了富翁 …………… 63

被识破的伎俩 ………… 64

狮子的微笑 …………… 64

花店老板之死 ………… 64

雨夜报案 ……………… 65

敲错了门 ……………… 66

失窃的公文包 ………… 66

新干线上的抢劫案 …… 67

阳台上的凶杀案 ……… 67

女教师之死 …………… 68

奇怪的手枪 …………… 68

烟头作证 ……………… 69

奇怪的救护车 ………… 69

深夜的恐吓信 ………… 70

大脚男人 ……………… 70

借庙断案 ……………… 71

珍珠项链的启示 ……… 71

到底中了几枪 ………… 71

十三朵玫瑰 …………… 72

遮挡不了的谎言 ……… 73

想象任你行 …………… 73

嫌疑的迹象 …………… 73

答案 …………………… 73

逻辑谜题

真的假不了 …………… 81

花花肠子吉米 ………… 81

谁在说真话 …………… 81

谁的年龄大 …………… 82

三人的午饭 …………… 82

简单的糊涂账 …………… 82

复杂的亲戚关系 …………… 82

杰克的成绩 …………… 83

淑女裙 …………… 83

网球比赛 …………… 83

考试日期 …………… 84

是谁闯的祸 …………… 84

谁送的礼品 …………… 84

汽车是谁的 …………… 85

天堂里的游戏 …………… 85

爱因斯坦的问题 …………… 86

麻烦的任务 …………… 86

会说话的指示牌 …………… 86

五个学生 …………… 87

真实的判断 …………… 87

兔子的谎言 …………… 88

有几个天使 …………… 88

生日派对 …………… 88

谁是说谎者 …………… 88

英明的总督 …………… 89

约翰教授的奖章 …………… 89

3 人的职位 …………… 89

野炊分工 …………… 90

黄色蝴蝶发带和绿色围巾 ……… 90

魔鬼、人和天使 …………… 90

三个牛仔 …………… 90

谁是牧羊人 …………… 91

穿越隧道 …………… 91

真话还是假话 …………… 91

甲乙丙丁 …………… 92

美人鱼的钻戒 …………… 92

小魔女们的小狗 …………… 92

4 对亲兄弟 …………… 93

鱼的主人是谁 …………… 93

火中逃生 …………… 94

汽车比赛 …………… 94

赛 马 …………… 94

神奇的旅馆 …………… 94

身后的彩旗 …………… 95

编辑值班表 …………… 95

只收半价 …………… 95

两枚古钱币 …………… 96

左邻右舍 …………… 96

关于帽子的赌博 …………… 96

三个人的秘密年龄 …………… 96

剩下的 1 元钱呢 …………… 96

赔钱卖葱 …………… 97

乌龟和青蛙赛跑 …………… 97

国王的两个女儿 …………… 97

谁"差"钱 …………… 98

扮演角色 …………… 98

答案 …………… 98

奇思妙想

分辨真花和假花 …………… 114

真假古铜镜 ·············· 114

烟的方向 ·············· 114

聪明的马克·吐温 ·············· 114

奇怪的来信 ·············· 115

荒谬的法令 ·············· 115

潮水何时淹没绳结 ·············· 115

环球旅行 ·············· 115

哪只狗流汗多 ·············· 115

拿鸡蛋回家 ·············· 116

房子在哪里 ·············· 116

一句话定生死 ·············· 116

叔父的遗产 ·············· 116

过 桥 ·············· 117

面不改色的阿凡提 ·············· 117

水会不会溢出来 ·············· 117

鸡蛋落下的方向 ·············· 117

水桶里有多少水 ·············· 118

违章建筑 ·············· 118

爱动脑的小家伙 ·············· 118

闹钟停了 ·············· 118

罗马古币 ·············· 118

花瓣游戏 ·············· 119

哪个学生聪明 ·············· 119

老人的遗嘱 ·············· 119

绝妙办法 ·············· 119

单只通过 ·············· 120

巧倒豆豆 ·············· 120

糊涂答案 ·············· 120

洞中捉鸟 ·············· 120

过 河 ·············· 121

过独木桥 ·············· 121

怎样逃生 ·············· 121

客车怎样通过小站 ·············· 122

巧分油 ·············· 122

故事接龙 ·············· 122

隧道里的火车 ·············· 123

寻找戒指 ·············· 123

升斗的妙用 ·············· 123

无法跨过的铅笔 ·············· 123

紧急避免的车祸 ·············· 123

渎职的警察 ·············· 123

奇特的经历 ·············· 124

小狗多多 ·············· 124

分蛋糕的卡比 ·············· 124

筷子妙用 ·············· 124

聪明的司机 ·············· 124

哥哥的特异功能 ·············· 125

谁是冠军 ·············· 125

哈林捡球 ·············· 125

摘苹果 ·············· 125

考 试 ·············· 125

洞穴的秘密 ·············· 126

答案 ·············· 126

综合训练

硬币如何落下 ·············· 134

机灵的小弟 ……………… 134
分大米 ……………… 134
不用计算的数字 ……………… 134
请病假 ……………… 135
三家分苹果 ……………… 135
老板损失了多少 ……………… 135
大苹果与小苹果 ……………… 135
智者孙膑 ……………… 136
何时送出鱼翅宴 ……………… 136
白猫的噩梦 ……………… 136
硬币的问题 ……………… 137
泄密年龄的公式 ……………… 137
螃蟹比赛 ……………… 137
选择哪只钟 ……………… 137
谁是贫困生 ……………… 138
同颜色的糖块 ……………… 138
抛硬币的概率 ……………… 138
分苹果 ……………… 138

互相矛盾 ……………… 138
七环金链 ……………… 139
自动售货机 ……………… 139
电话骗局 ……………… 139
加薪方案 ……………… 139
砝码的变化 ……………… 140
飞离北极 ……………… 140
垂吊在水面上的绳梯 ……………… 140
巧妙的方法 ……………… 140
需要多少只鸡 ……………… 140
怎么样做才公平 ……………… 140
破案秘诀 ……………… 141
世界之窗 ……………… 141
活宝吹牛 ……………… 141
专业的刑警 ……………… 141
去农场的路 ……………… 142
侦探行动 ……………… 142
答案 ……………… 142

思维游戏总动员丛书

数字魔方

　　曾经，在社会上流传着这样一句话："学好数理化，走遍天下都不怕。"这句话虽然有它的局限性，但是我们从中也可以看出数学在生活、学习，乃至工作中的重要性。所以，要培养思考能力，首先就要从数学入手。有的同学可能会说："数学不就是从0到9，10个数字的变化吗？"

　　数学虽然只是10个数字的变化，但是它的变化却是奇妙而又理性的。而理性是我们所处的这个时代最基本、最普遍的概念。接下来，我们就来开始这段奇妙的数字之旅吧！聪明的你一定能把下面的这些数字摆平的！

还剩多少页

哥哥去西单买了一本工具书，有200页厚。他要用到书中从第3页至第12页共10页的资料，就把它们撕了下来。另外，书的第56页至75页共20页也有重要的资料，他又把它们撕了下来。

请问这本书还剩多少页？

难度等级　★★☆☆☆

4个小箱子

文艺晚会上，主持人拿出一个小箱子。这是一个特殊的箱子，箱子内还套有更小的箱子，一共有4个小箱子。

现在主持人在最小的箱内放4块糖，在最大的箱内放9块糖，剩下的2个箱内各放4块糖。主持人问参加文艺晚会的人，谁能重新分配糖块，使每个箱子内的糖块都是奇数？

谁分配对了，主持人就把这个特殊的小箱子连糖一起送给他（她）作纪念品。

难度等级　★★★☆☆

聪明的小师弟

一位老师傅做首饰很有名。一天他把3个徒弟叫来说："这里有90件首饰，你们去卖，我给你们分好，大徒弟拿50件，老二拿30件，小师弟拿10件。卖的贵贱你们自己拿主意，但3人卖的价钱一样。最后你们3人都要交回50元。"

东西有多有少，怎么卖一样多的钱呢？两个大徒弟发愁了。小师弟却眉开眼笑："别愁，只要这样卖就行了。"三个徒弟真的各卖了50元回来，老师傅很满意。

小师弟的主意是什么呢？

难度等级　★★★☆☆

公主的年龄

一位慈爱的国王送给自己喜爱的三位公主共24颗宝石，这些宝石如果按三位公主3年前的岁数来分，可以正好分完。

小公主在三位公主中最伶俐，她提出建议："我留下一半，另一半给姐姐平分。然后二姐也拿出一半让我和大姐平分。最后大姐也拿出一半让我和二姐平分。"两位姐姐稍加思索便同意，结果三位公主的宝石一样多。

三位公主的年龄分别是多少呢？

难度等级　★★★☆☆

篮中有几个鸡蛋

从前，一农妇提一篮鸡蛋去卖。甲家买了全部的一半又半个；乙家买了剩下的一半又半个，丙家买了剩下的一半又半个，最后丁家还是买了剩下的一半又半个。鸡蛋刚好卖完。

农妇篮中有几个鸡蛋？

难度等级　★★★☆☆

一共多少士兵

国王要领兵出征，出发前要来一次检阅，他命令士兵每 10 人一排排好，谁知排到最后缺 1 人。国王认为这样不吉利，改为每排 9 人，可最后一排又缺 1 人，改成 8 人一排，仍缺 1 人，7 人一排缺 1 人，6 人一排缺 1 人……直到两人一排还是凑不齐。

国王非常懊恼，以为老天跟自己过不去，不到 3000 人的队伍怎么也排不齐，只好收兵作罢。

难道真是老天在作怪吗，还是有人在做恶作剧？为什么国王的兵数老凑不成整排呢？你能猜出一共是多少

士兵吗？

难度等级　★★★☆☆

两人分钱

甲、乙两位牧民在一起吃饭，甲拿出 5 个苹果，乙也拿出 3 个苹果。这时来了一位路人，肚子饿得厉害，与他们商量说："我把仅有的 8 块钱全给你们，与你们一起吃掉苹果如何？"两人觉得这主意不错，于是三人一起高兴地将苹果平分吃光了。

路人走后，两位牧民却为 8 块钱的分配争起来了。乙说："我拿出了 3 个，你拿出了 5 个，因此你该得 5 块钱，我该得 3 块钱。"甲说："不对！如果将钱平分，每人该得 4 块钱，但是我比你多出了 2 个，因此你应再让出 2 块钱。"

请问：两个人到底谁对？甲、乙实际应得多少钱？

难度等级　★★★☆☆

糖果包装的价格

糖果店考虑到过年时顾客将糖果馈赠亲友的需要，特意为一个比较畅销的糖果品牌设计了漂亮的包装。这种糖果连同包装一共售价 25 元，顾

客还可以买散装的糖果。如果糖果的价钱比包装贵 20 元，那么包装的价钱是多少？

难度等级　★★☆☆☆

假币的损失

一天，一位顾客走进一家小店，拿一张百元钞票买了 25 元的商品。店老板手头的钱不够找零，就拿这张百元钞票到隔壁朋友处换了 100 元零钱，回来后找了顾客 75 元零钱。

过了一会儿，朋友找到商店老板，说他刚才拿来换零钱的百元钞票是假钞。商店老板仔细看了看，发现果然是假钞。他无话可说，只好又拿了一张百元真币给朋友。

你知道店老板一共损失了多少财物吗？

难度等级　★★☆☆☆

三只茶杯

现在有 3 只茶杯，它们的杯口全部朝下。如果规定你必须 2 只茶杯一起翻。

请问：翻几次才能使 3 只茶杯全部口朝上？

难度等级　★★☆☆☆

农夫卖油

有一个农夫用一个大桶装了 12 千克油到市场上去卖，恰巧市场上两个家庭主妇分别只带了 5 千克和 9 千克的两个小桶，但她们买走了 6 千克的油，而且一个矮个子家庭主妇买了 1 千克，一个高个子家庭主妇买了 5 千克，更为惊奇的是她们之间的交易没有用任何称量的工具。

你知道她们是怎么分的吗？

难度等级　★★★☆☆

牛顿的问题

牛顿自己出了一道著名的牛在牧场上吃草的题：有一片牧场如果放牧 27 头牛，6 个星期可以把草吃光；如果放牧 23 头牛，9 个星期可以把草吃光。如果放牧 21 头牛，几个星期可以把草吃光呢？

难度等级　★★☆☆☆

尼古拉钓鱼

保加利亚有一个这样的数学推算问题：尼古拉和派塔各自带着一个儿子去钓鱼，尼古拉钓的鱼条数的个位数字是 2，他儿子钓的鱼条数的个位数字是 3；派塔钓的鱼条数的个位数字也是 3，他的儿子所钓的鱼条数的个位数字是 4。他们所钓鱼的总数是某个数的平方。

你知道尼古拉的儿子是谁吗？

难度等级　★★☆☆☆

恐怖分子

国际反恐组织得到消息，制造了多起恐怖事件的"黑鹰"组织首领伯德和另外一些核心成员，一年前躲避到 A 国来了。现在他们频繁接触，似乎在酝酿新的恐怖计划。

经过缜密的调查发现，该组织的成员碰面形式很奇怪：第一名头目的助手隔一天去头目那里一次，协助他处理事情，第二名恐怖分子隔两天去一次，第三名恐怖分子隔三天去一次，第四名恐怖分子隔四天去一次……第七名恐怖分子要每隔七天才去一次。

为了避免打草惊蛇，并且把恐怖分子们一网打尽，亚伯拉罕决定等到七名恐怖分子都碰面的那天再行动。聪明的读者，这七名恐怖分子什么时候才会一起碰面呢？

难度等级　★★★☆☆

留下的遗产

一位富翁生前的遗嘱中这样写道："我的妻子如果生个男孩，就把我财产的 2/3 给儿子，余下的 1/3 给妻子。如果生女孩，就把我财产的 1/3 给女儿，2/3 给妻子。"

两个月后，他的妻子生下来一男一女龙凤胎，这份遗产该怎样分呢？

难度等级　★★★☆☆

狱卒发粥

一个狱卒负责看守众多的囚犯，吃饭分粥时，他必须安排他们的座位。入座的规则如下：

（1）每张桌子所坐的人数必须是奇数。

（2）每张桌子上坐的囚犯人数要相同。

在囚犯入座后，狱卒发现：

每张桌子坐 9 人，就会多出 8 人。

每张桌子坐 7 人，就会多出 6 人。

每张桌子坐 5 人，就会多出 4 人。

每张桌子坐 3 人，就会多出

2 人。

但当每张桌子坐 11 人时，就没有人多出来了。

请问一共有多少个囚犯？

难度等级　★★★☆☆

遗　书

从前有个农夫，死时留下几头牛，在他的遗书上写道：

"妻子：分给全部牛的半数再加半头；长子：分给剩下的牛的半数再加半头；次子：分给还剩下的牛的半数再加半头；长女：分给最后剩下的半数再加半头。"

结果是一头牛也没杀，也没有剩，正好全部分完。请问农夫死时留下几头牛？

难度等级　★★☆☆☆

现在几点

有一天，丽丽的表停了，就问明明现在的具体时间。结果明明为了捉弄丽丽就给她出了一道难题。明明是这样说的："如果再过 1999 小时 2000 分钟 2001 秒，我的手表正好是 12 点。你算算现在的具体时间吧。"丽丽当时一听就蒙了。

你知道明明说的是几点吗？

难度等级　★★☆☆☆

地毯的长度

有一个人，想装修刚刚建成的房子，但是他必须在装修之前购买好装修必备的材料。

在所有的材料都购买齐全之后，他突然想到应该在一楼与二楼之间的楼梯上铺一条地毯，但是现在楼梯尚未安装，阶梯的数量、高度和宽度，他还不知道，在这样的情况下，请问你能帮他把所需要的地毯的长度计算出来吗？

难度等级　★★★☆☆

卡片组数

在桌子上并排放有 3 张数字卡片组成三位数字 216。如果把这 3 张卡片的方位变换一下，则组成了另一个三位数，这个三位数恰好被 43 除尽。是什么数，怎样变换？

难度等级　★★★☆☆

蛀虫咬了多长

爸爸的书架上摆着很多书，因为

很长时间没人翻阅，都落上了灰尘。书架最上面一层摆着一套四卷本的百科全书，按照从一卷到四卷的顺序从左向右排列。每一卷内页的总厚度为5厘米，封面和封底的厚度各为0.5厘米。

有一只蛀虫，从第一卷第一页开始咬起，一直咬到第四卷的最后一页。请问：这只蛀虫总共咬了多长的距离？

难度等级　★★★☆☆

吃馒头协议

妈妈上班前蒸了一屉馒头放在桌子上。三兄弟放学回到家里，都感觉饥肠辘辘，看见桌子上的馒头，也没看馒头的数量，商量了一下就吃起来。3个人吃了同样多的馒头，最后剩下1个馒头，哥哥把它吃了，即哥哥比两个弟弟多吃了1个馒头。可三兄弟却异口同声地说："因为我们事先达成了考虑到每一个人利益的协议，所以这样很公平。"

他们在开始吃馒头之前并没有确定谁吃最后1个，而且过去或未来的事情对他们的分配也没有影响。

三兄弟达成了什么样的协议呢？

难度等级　★★★☆☆

工资的分配

农忙时，一户人家人手不够用，就雇了甲乙两人帮忙。甲擅长耕田却拙于播种，乙不善于耕田但擅长播种。

这户人家分配给甲乙两人10亩田，要求甲从东侧开始工作，乙从西侧开始工作。甲耕一亩田只需10分钟，乙则需要花40分钟；但乙播种的速度是甲的3倍。

两个人干完活后，这户人家按照他们的工作量支付报酬。一共付了100元。你知道这户人家是按照何种比例给甲乙分配工资的吗？

难度等级　★★★☆☆

轮胎如何换

有一个做长途运输的司机要出发了。他用作运输的车是三轮车，轮胎的寿命是2万里，现在他要进行5万里的长途运输，计划用8个轮胎就完成运输任务，怎样才能做到呢？

难度等级　★★☆☆☆

买鸡赚了多少

一个人到市场上买了很多年货，最后他想起过年餐桌上少不了鸡，就

7

花 8 元钱买了一只鸡。买完后，他到别的摊位去看，发现不划算，就以 9 元钱的价格把鸡卖了。卖掉之后他突然又觉得还是想吃鸡，于是又花 10 元把卖掉的鸡买了回来。

等他拿着一大堆年货回到家，老婆已经买好了鸡，于是他又以 11 元的价钱把鸡卖掉了。在这个过程中，这个人赚了多少钱？

难度等级　★★☆☆☆

奇妙的数字

数学是科学王国的一颗明珠。有这样一个奇妙的数，将它乘以 5 后加 6，得出的和再乘以 4 后加 9，然后再乘以 5，得出的结果减去 165，遮住最终结果的最后两位数就能回到最初的数。

你知道这个数是多少吗？

难度等级　★★☆☆☆

山羊吃白菜

农夫每天都要给自家的山羊拿些白菜吃。如果 3 只山羊在 6 分钟内吃掉 3 棵大白菜，那么一只半山羊吃掉一棵半白菜需要多长时间？

难度等级　★★☆☆☆

到底是星期几

如果今天的前 5 天是星期六的前 3 天，那么后天是星期几？你能猜出来吗？

难度等级　★★☆☆☆

10 枚硬币

有 10 枚硬币。双方轮流从中取走 1 枚、2 枚或者 4 枚硬币，谁取最后一枚硬币就算输。请问：该怎么做才能获胜？

难度等级　★★★☆☆

冰水体积

冰和水是物理上经常研究的对象。如果水结成冰时，体积增加了 1/11，那么冰融化成水，体积会减少几分之几？

难度等级　★★☆☆☆

大小香皂

周末，奶奶从超市里买来 15 块大小相同的小香皂。用 5 块小香皂可以制成 1 块大香皂，1 块大香皂用 28

思维游戏总动员丛书

天后会变成与未用过的小香皂一般大小，请问这些香皂要用几天才能全部用完？

难度等级 ★★★☆☆

换汽水

1 元钱一瓶汽水，喝完后两个空瓶换瓶汽水。如果你有 20 元钱，最多可以喝到几瓶汽水？

难度等级 ★★★☆☆

壶中酒

有首诗这样描绘被称做诗仙、酒仙的李白一次饮酒赏花的情景：

李白无事街上走，提壶去买酒。

遇店加一倍，见花喝一斗。

三遇店与花，喝光壶中酒。

试问壶中原有多少酒？

怎样用一种简便的方法计算出原来壶中有多少酒？

难度等级 ★★★☆☆

快慢不同的手表

有两只手表，一块手表 1 小时慢 2 分钟，另一块 1 小时快 1 分钟。当走得快的表和走得慢的表相差 1 小时

时，那么这期间是多长时间？

难度等级 ★★★☆☆

翻墙的蜗牛

一只蜗牛和壁虎打赌，说自己肯定能翻过一堵 20 米高的墙。蜗牛每天白天能向上爬 3 米，但是在晚上睡觉时会向下滑 2 米。

如果蜗牛从一边的墙脚出发，要几天才能翻过这堵墙，到达另一边的墙脚？

难度等级 ★★★☆☆

爬楼梯比赛

爬楼梯是很好的健身方式。体育课上，老师组织同学们比赛爬楼梯。两个人一组，第一组是甲和乙比赛，甲的速度是乙速度的 2 倍。

你知道当甲爬到第九层时，乙爬到了第几层？

难度等级 ★★★☆☆

与老爸共进晚餐

奥斯汀在一家面包店工作，这家店的生意很好，奥斯汀每次都忙不过来。为了多陪陪年迈的父亲，奥斯汀

每个星期天都会挤出一点时间，回家和爸爸共进晚餐（17:00）。奥斯汀住在利佛格罗夫，而他的爸爸住在市中心。教堂的茶叙时间（12:00）一过，奥斯汀就马上动身出发。很久以前，他就知道，如果按每小时 15 千米的速度骑车，他会在晚餐开始前 1 个小时到。但是，如果以每小时 10 千米的速度骑，他会迟到 1 个小时。

如果奥斯汀想在晚餐时间正好到的话，他应该骑多快呢？他工作的地方与家相距多远呢？

难度等级　★★★☆☆

好人有好运

佛肯很穷，但他很善良，非常爱自己的女友。一天，佛肯来到一处偏远的海边捡贝壳，准备为自己的女友打磨一串贝壳项链。这时，他看到海边上漂浮着一艘出了事故的船。当他走进破船时，无意间触到一个机关，打开看，里面全部是金币。

他先提出来 4 袋钱，里面各有 60 枚、30 枚、20 枚和 10 枚金币。当他数完剩下 2 个袋子里的钱时，他发现这 6 个袋子金币的个数形成一个特殊的递进关系。

那么，你能否根据这个情况计算出第 5 袋和第 6 袋里的金币个数呢？

难度等级　★★★☆☆

贵族的酒

在时尚与品位相结合的今天，品酒已成为上流人物的一大爱好。布莱恩是芝加哥北部最厉害的红酒商，他靠给上流社会提供转手酒发了大财。现在，我们看到布莱恩正把店里最好的 20 箱酒送到他选出的 4 个客户那里。他是这样分配的：

汉拉迪家族获得的酒比荷兰人的咖啡厅多 2 箱。

埃德娜家族比萨尔家族少 6 箱。

萨尔家族比汉拉迪的家族多 2 箱。

荷兰人的咖啡厅比埃德娜家族多 2 箱。

那么，这几个家族各自获得几箱酒呢？

难度等级　★★★☆☆

环球飞行

某航空公司有一个环球飞行计划，但有下列条件：每个飞机只有一个油箱，飞机之间可以相互加油（没有加油机）；一箱油可供一架飞机绕地球飞半圈。为使 3 架飞机绕地球一圈回到起飞时的飞机场，至少需要出动几架次飞机（包括绕地球一周的那架在内）？

注意：所有飞机从同一机场起飞，而且必须安全返回机场，不允许中途降落，中间没有飞机场。加油时间忽略不计。

难度等级　★★★☆☆

与男友逛夜市

与男友塞尔特一起逛夜市时，梅薇思在一个地摊上看到了自己非常喜欢的 4 个小挂件。这 4 个挂件总共 6.75 元，其中有两件分别是 1 元和 2.25 元。当男友准备付钱时，梅薇思发现摊主用笔算价时写的是 0.25 乘以 271。她正准备提醒摊主时，却惊奇地发现，纸上算出的数字也是 6.75 元。

摊主没有算错数字，那么，你知道这 4 件小饰品的单价各是多少？

难度等级　★★★☆☆

法式利饼干

洛恩的妈妈从法国出差回来，带了一盒法式利饼干给她。洛恩非常喜欢妈妈送给她的礼物，因为她特别喜

欢吃这种饼干。正当她打开饼干盒时，她的 4 个朋友就先后到了，她不情愿地把其中的一半和半个饼干分给了她的朋友瑞本，然后，把剩下的一半饼干和半个饼干分给了利娜莎；接着，她又把剩下的一半饼干和半个饼干分给了拉拉安，最后，她把盒子里剩下的一半饼干和半个饼干分给了比特。这样，可怜的洛恩就把盒子里的饼干都分了出去，她真是伤心极了。

那么，你能计算出盒子里原来有多少小饼干吗？（注意，洛恩绝对没有把盒子里的饼干弄成两半。）

难度等级　★★★☆☆

朋友的笑容

吉歇尔今天早上去上班时，看到好朋友葛佳丝塔芙的脸上堆满了笑容。吉歇尔便笑着问她："噢，亲爱的，什么事令你这么开心，能说给我听听吗？"

葛佳丝塔芙回答说："亲爱的吉，我终于把那辆破车卖掉了。原来我标价 1100 元，可没有人感兴趣。于是，我把价钱降到 880 元还是没有人感兴趣，我又把价钱下调到 704 元。最后，出于绝望，我再一次降价。今天一早，维威尼把它买走了。那么，你

猜猜我卖了多少钱?"

难度等级 ★★★☆☆

犯愁的设计

集邮是很多人的爱好,邮票拥有很多的忠实"粉丝"。每一张邮票都有它背后的历史。想想能收集一张有纪念价值的邮票,也是令人感到非常兴奋的事情。

你能设计出一套邮票,最多只贴3枚,就可以支付1~70元的所有邮资吗?这套邮票最少多少枚?面额分别是多少?

难度等级 ★★★☆☆

阿米斯的问题

有7幢房子,每幢养了7只猫,每只猫吃了7只老鼠,每只活的老鼠会吃掉7个麦穗,而每个麦穗可以产7单位面粉。

问这些猫挽救了多少单位面粉?

难度等级 ★★★☆☆

豪华巨轮

一艘从港口驶入纽约湾的豪华巨轮,在途中撞到了岸边的石头,船身受到了损坏,需要及时进行修理。一个绳梯从甲板放下,一直到达水面。绳梯的各条横档之间相距30厘米。当海水落潮时,水面上的横梯一共有50条横档。纽约港的水位每小时会上升15厘米。

那么,你能计算出6个小时后当海水处于高潮时水面上的横档的个数吗?

难度等级 ★★☆☆☆

派对上的酒桶

弗罗伦是帅气多金的钻石王老五。为了使自己紧张的神经能够得到放松,他每周都会开一个大型的单身派对。他喜欢用两个分别贴有字母A和B的酒桶装葡萄酒,而A桶的酒比B桶的酒多。

首先,将A桶中的酒倒入B桶,倒入的酒量与B桶的酒相等。然后,将B桶中的酒倒回A桶,倒入的酒与A桶中现有的酒相等。最后,再将A桶中的酒倒回B桶,倒入的酒与B桶中现有的酒相等。这个时候,两个桶内都有48升的葡萄酒。

那么,你知道弗罗伦的两个酒桶原来各有多少葡萄酒呢?

难度等级 ★★★☆☆

思维游戏总动员丛书

兼职生活

独立一向是米兰和安瑞最讲究的事情，她们俩从小就非常独立，读小学的时候，她们就开始了兼职生涯。星期天，她们俩将家里养的小鸡拿到集市上去卖。安瑞每天卖 30 只，两只卖 1 元，回家时她可以卖 15 元；米兰每天也卖 30 只，3 只卖 1 元，一共可以卖 10 元。有一天，米兰生病了，于是她请安瑞帮她卖小鸡。安瑞带了 60 只小鸡去了集市，并以 5 只 2 元的价钱卖。当她回家时，她一共卖了 24 元。因此，这要比两人分别卖所赚的钱少了 1 元。

那么，为什么会少 1 元呢？是安瑞拿走了吗？

难度等级　★★★☆☆

线索套

得佳吉是这座城市最富有的商人。他有很多钱，他喜欢把钱藏在自己的保险箱里。但他的记忆力很糟糕，这使他总是记不住自己保险箱上的由 3 个数字组成的密码。但是，他却可以利用贴在保险箱上的线索套提醒自己：第 1 个数字乘以 3 所得结果中的数字都是 1，第 2 个数字乘以 6 所得结果中的数字都是 2，第 3 个数字乘以 9 所得结果中的数字都是 3。

那么，你能将这几个数字依次呈现吗？

难度等级　★★☆☆☆

亲朋好友合影

在祖父 70 大寿的时候，爸爸把所有的亲戚都叫过来合影。爸爸发现，如果给每个人照 4 张照片的话，他需要 2 卷胶卷，因为他所需照的相片数比一卷胶卷多 4 张。然而，如果给每个人照 3 张照片的话，胶卷将会剩下 12 张。

那么，爸爸叫了多少亲戚呢？一卷胶卷可以照出多少张照片呢？

难度等级　★★☆☆☆

纳塔兄弟

卡希斯城最著名的纳塔兄弟是双轮脚踏车赛的冠军，他们总是在 4 个长为 1/3 千米的椭圆形轨道上进行赛前练习。兄弟 4 人从中午开始每人沿着一个轨道进行骑车练习，他们各自的速度分别为每小时 6 千米、9 千米、12 千米以及 15 千米。直到他们第 4

13

次在圆圈中央相遇时才停下来。

那么，他们需要骑多长时间呢？

难度等级 ★★★☆☆

答案

还剩多少页

168 页。如果撕掉第 3 页至第 12 页还剩 190 页的话，那么撕掉第 56 页至第 75 页，就包括撕掉第 55 页至 76 页。换句话说，它包括最前面一页和最后一页的背页。

4 个小箱子

在最大箱子中取出一块糖放在中央小箱内，为 4 + 1 = 5 块糖。这 5 块糖又在从外倒数第三个箱内，所以它有 5 + 4 = 9 块糖。这 9 块糖还在从外倒数第二个箱内，故第二箱内应有 9 + 4 = 13 块糖。显然大箱内的糖为 9 + 4 + 8 = 21 块糖（此游戏有多解）。

聪明的小师弟

每人的首饰中都有一些精品，先选出来，老大选出 1 件，老二选出 2 件，小弟选出 3 件，余下的按 7 件 5 元成套卖出。大哥的 7 套卖 35 元，二哥的 4 套卖了 20 元，小弟 1 套卖 5 元，价格一样。精品按 15 元一件卖出，大哥得 15 元，二哥得 30 元，小

弟得 45 元，价格还是一样，而每人都卖够了 50 元。

公主的年龄

既然三人宝石一样，那最后每位公主都有 8 颗宝石，显然这是大公主为自己留下的数目，那大公主分宝石前是 16 颗宝石，而当时二公主和小公主手中应各有 4 颗宝石，由此推出二公主分出宝石前有 8 颗宝石，而小公主的 4 颗有 2 颗是二公主分出的，另 2 颗是她第一次分配所余，最初小公主的数就知道了是 4 颗。二公主得到小公主的 1 颗成为 8 颗，二公主最初是 7 颗，大公主自然是 13 颗宝石。

这是三位公主 3 年前的年龄，再给每人加 3 岁，于是可以知道小公主 7 岁，二公主 10 岁，大公主 16 岁。

有几个鸡蛋

丁买了丙剩下的一半后，应还有另一半，但他又买了半个后就没有了，说明另一半是半个蛋，丁先买了半个蛋，又买了半个蛋，可见丙买后，只剩下 1 个蛋了，如此推算：

剩到丙时：（1 + 0.5）× 2 = 3（个）

剩到乙时：（3 + 0.5）× 2 = 7（个）

原有的：（7 + 0.5）× 2 = 15

(个)

一共多少士兵

国王有 2519 个兵。

要想每排人站齐，人数必须是每排人数的倍数，或是 10 的倍数或是 9 的倍数……如果是 10、9、8、7……2 的公倍数，那无论怎样排都是没有问题的。10、9……2 的最小公倍数是 2520。现在国王的兵数是 2520 - 1，也就是 2519，自然是怎么排也缺少 1 人了。公倍数有许多，因兵数在 3000 以下，所以我们取最小公倍数正适合。

两人分钱

两个人都不对！

一共有 8 个苹果，于是三人每人吃到 8/3 个苹果。乙实际上给出了 1/3 个苹果，甲给出了 7/3 个苹果。按贡献比例，乙只应得到 1 块钱，甲则应得到 7 块钱。

糖果包装的价格

贵 2.5 元。一般人会脱口说包装是 5 元钱。可是如果是这样的答案，那么糖果就只比包装贵 15 元了，而题目要求糖果比包装贵 20 元。所以答案应该是包装 2.5 元，糖果本身值 22.5 元，这样糖果才恰好比包装贵 20 元。

假币的损失

商店老板一共损失了 100 元。

店老板用 100 元假币换了朋友的 100 元真币，并没有损失。之后，与持假钞的顾客交易时：100 = 75 + 25 元的货物，其中 100 元为兑换后的真币，这个过程中老板也没有损失。

朋友找老板退回假币时，店老板亏损了 100 元。

所以，整个过程中店老板一共损失了 100 元。

三只茶杯

永远无法做到。

农夫卖油

先从大桶中倒出 5 千克油到 9 千克的桶，再从大桶里倒出 5 千克油到 5 千克的桶里，然后把 5 千克桶里的油将 9 千克的桶灌满。现在，大桶里有 2 千克油，9 千克的桶已装满，5 千克的桶里有 1 千克油。

再将 9 千克桶里的油全部倒回大桶里，大桶里有了 11 千克油。把 5 千克桶里的 1 千克油倒进 9 千克桶里，再从大桶里倒出 5 千克油，现在大桶里有 6 千克油，而另外 6 千克油也被换成了 1 千克和 5 千克两份。

牛顿的问题

21 头牛 12 个星期可以把草吃完。

解答这类问题，要想到，牛不仅要吃掉牧场上原有的草，还要吃掉牧场上新长出的草。因此解答这类问题的关键是要知道牧场上原有的牧草量和每星期牧草的生长量。解答时，我们先假定牧场上每星期草的生长量是一定的，而每头牛每星期的吃草量是相同的。

设：每头牛每星期的吃草量为1。

27头牛6个星期的吃草量为27×6＝162。这既包括牧场上原有的草，也包括6个星期长出来的新草。

23头牛9个星期的吃草量为23×9＝207，这既包括了牧场上原有的草量，也包括9个星期长出来的草。

因为牧场上原有的草量是一定的，所以上面两式的差207－162＝45，正好是9个星期生长的草量与6个星期生长草量的差。这样就可以求出每星期草的生长量是45÷（9－6）＝45÷3＝15。

牧场上原有的草量是162－15×6＝72或者207－15×9＝72。前面已经假定每头牛每星期的吃草量为1，而每星期新长的草量是15；15÷1＝15，因此新长出来的草就可以供给15头牛吃。今要放21头牛，还余下21－15＝6（头），这6头牛就要吃牧场上原来有的草，这牧场上原来有的草量

够6头牛吃几个星期，就是21头牛吃完牧场上草的时间：72÷6＝12（星期）。

解题过程：

①27×12＝162

②23×9＝207

③207－162＝45

④9－6＝3

⑤45÷3＝15

⑥ $\begin{cases} 15 \times 6 = 90 \\ 162 - 90 = 72 \end{cases}$

或 $\begin{cases} 15 \times 9 = 135 \\ 207 - 135 = 72 \end{cases}$

⑦21－5＝6

⑧72÷6＝12

答：如果放牧21头牛，12个星期可以把草吃光。

尼古拉钓鱼

这4个数字的末位数的和为2＋3＋3＋4＝12，即钓鱼总数个位数字是2，奇怪的是没有一个自然数的平方的末位数字是2，问题出在哪里呢？问题一定是不可能有4个人，只有3个人。其中有一个人既是父亲，又是儿子。这个人是谁？就是个位数字相同的派塔。所以尼古拉的儿子是派塔。

恐怖分子

先从第一个助手开始去的那个晚

上计算。如果 7 个恐怖分子头目能同时碰面，他们之间间隔的天数一定能够被 2、3、4、5、6、7 整除，现在我们可以很方便地得出这个数字是 420。

因此，在他们开始会面的第 421 天，7 人将首次同时出现。而由于他们已经在 G 国住了一年，所以离这一天的到来已经不会太远了。

留下的遗产

遵照富翁的遗嘱将 4/7 的财产分给男孩，2/7 的财产分给妻子，1/7 的财产分给女孩。

因为遗嘱中说，如果生男孩，孩子得到遗产的 2/3，妻子得到 1/3，男孩的财产是妻子的 2 倍；如果生女孩，孩子得到遗产的 1/3，妻子得到 2/3，女孩的财产是妻子的一半。也就是说男孩和妻子所得遗产的比是 2：1，妻子和女孩所得遗产的比也是 2：1。那么男孩、妻子和女孩遗产的分配比例是 4：2：1。

所以富翁的遗产应按这个比例进行分配：将遗产分成 7 份，男孩 4/7，女孩 1/7，妻子 2/7。

狱卒发粥

共有 2519 名囚犯。

2519 分成 3 人一桌需 839 张桌子，多余 2 个人；

2519 分成 5 人一桌需 503 张桌子，多余 4 个人；

2519 分成 7 人一桌需 359 张桌子，多余 6 个人；

2519 分成 9 人一桌需 279 张桌子，多余 8 个人；

2519 分成 11 人一桌需 229 张桌子，没有多余。

遗 书

一共是 15 头。

因为 15 头的半数是 7.5 头，再加半头就是 8 头，余下 7 头。7 头的半数是 3.5 头，再加半头是 4 头，余 3 头。3 头的半数是 1.5 头，再加半头是 2 头，余 1 头。1 头的半数是 0.5 头，再加半头是 1 头。

现在几点

7 点 7 分 39 秒。

因为 1999 小时 2000 分钟 2001 秒是 2032 小时 53 分 21 秒，除去中间是 12 的倍数的 2028 小时，剩下的时间是 4 小时 53 分 21 秒。这个题可以化简为再过 4 小时 53 分 21 秒是 12 点。所以，现在就是 7 点 7 分 39 秒。

地毯的长度

其实，我们只需要把要与楼梯构成直角三角形的地面长度和墙壁的高度测量出来就可以了，这两者之和就是所需地毯的长度。

因为每个台阶的高度之和就等于墙壁的高度，台阶的宽度之和就等于地面的长度，所以说只需知道这两者之和就可以了。

卡片组数

恰好被 43 除尽的三位数有 129、172、215……你要心中有数，与"216"比较怎样变动可以满足要求。可将"216"中"21"左右交换为"12"，再把"6"的那张卡片上下倒置变为"9"即可变为"129"被 43 所除尽。说到变换 3 张卡片的位置，多数人只想到卡片的左右位置交换，没有想到把卡片倒置。上下交换是一种新思路。这种新的思路并不只限于解决这一问题，与此有关的空间位置问题都可用新的思路去解决。

蛀虫蛟了多长

13 厘米。

找 4 本书，按照题目要求摆放。仔细观察，就可以知道第一卷的封面紧靠第二卷的封底，第二卷的封面紧靠第三卷的封底，第三卷的封面紧靠第四卷的封底。从整套书来看，蛀虫实际上只咬了第一卷的封面，第二、第三卷的封面和第四卷的封底，一共

13 厘米。

要注意，绝大部分书都是从左向右翻的。如果你看的书是从右向左翻的，得到的答案应该是 23 厘米。

吃馒头协议

吃了同样数量的馒头之后，如果最后剩下 1 个，就给大哥吃；如果剩下两个，就给二哥和小弟吃。这样一来，任何一人能吃到剩下馒头的概率都是一样的。

工资的分配

两人可以各得 50 元。因为两人各分摊了一半的工作量，与速度无关。

轮胎如何换

如果给 8 个轮胎分别编为 1～8 号，每 5000 里换一次轮胎，配用的轮胎可以用下面的组合：123（第一次可行驶 1 万里）、124、134、234、456、567、568、578、678。

买鸡赚了多少

第一次 9 元钱卖鸡时赚了 1 元，第二次 11 元卖掉时又赚了 1 元，总共赚了 2 元。

奇妙的数字

任何数。用这个奇妙的组合算式计算出来的结果遮住后面的"00"，

得到的永远都是最初的数。

山羊吃白菜

9 分钟。一只山羊吃掉一棵白菜需要 6 分钟，所以吃掉一棵半的白菜需要 9 分钟。另外，半只山羊是不会吃东西的。

到底是星期几

星期三。首先你要弄清楚今天是星期一，才能判断后天的日期。

10 枚硬币

这是一个后发制胜的游戏。谁先开局谁必输。如果你的对手稍微聪明一点，就不会在你先取 1 枚后，他取 4 枚，最后出现他输的局面。

冰水体积

1/12。假设水体积为 x，冰体积为 y，则 $x = (1 + 1/11) y$，那么，$y = 11/12x$，$x - y = 1/12$。

大小香皂

105 天。4 块小香皂能使用 28 天，那么 1 块小香皂能使用 7 天，15 块能使用 105 天。

换汽水

最多 40 瓶。

20 个空瓶子换 10 瓶，10 瓶换 5 瓶，5 个空瓶中拿 4 个换 2 瓶，然后就有了 3 个空瓶子，其中 2 个空瓶换一瓶，最后只有 2 个瓶子的时候，换取最后一瓶。还剩一个空瓶子，把这一个空瓶换一瓶汽水，这样还欠商家一个空瓶子，等喝完换来的那瓶汽水再把瓶子还给人家即可。所以最多可以喝的汽水数为：20 + 10 + 5 + 2 + 1 + 1 + 1 = 40。

壶中酒

用反向倒推的方法。壶中原有 7/8 斗酒。

快慢不同的手表

20 个小时。如果你陷入复杂的计算，你是值得同情的，但这道题完全可以用简单的办法来解答：一只表慢 2 分钟，一只表快 1 分钟，那么每小时两块表差 3 分钟，这样，答案很快就出来了。

翻墙的蜗牛

18 天。实际上，蜗牛每天可以向上爬 1 米，17 天能上升 17 米。到第 18 天它再爬 3 米就到达 20 米高的墙头，不会再次滑下。然后它可以"纵身一跃"，立刻到达另一边的墙脚。

爬楼梯比赛

第 5 层。如果两人同时从 1 楼开始，甲爬到第 9 层时相当于爬了 8 层，而乙应该是爬了 4 层，说明乙恰好爬到第 5 层。

与老爸共进晚餐

奥斯汀住的地方和家相距 60 千米。如果他以每小时 15 千米的速度骑车的话，他会在下午 4 点到（即晚餐开始前 1 个小时）。如果他以每小时 10 千米的速度骑的话，他会花 6 个小时（即迟到 1 个小时）。所以，奥斯汀以每小时 12 千米的速度骑车，他会花 5 个小时，他将在下午 5 点准时到达。

好人有好运

第 1 袋：60 枚金币（1）

第 2 袋：30 枚金币（1/2）

第 3 袋：20 枚金币（1/3）

第 4 袋：15 枚金币（1/4）

第 5 袋：12 枚金币（1/5）

第 6 袋：10 枚金币（1/6）

贵族的酒

萨尔家族获得 8 箱，汉拉迪家族获得 6 箱，荷兰人的咖啡厅获得 4 箱，埃德娜家族获得 2 箱。

环球飞行

假设 3 架飞机分别为 A、B、C。

3 架（ABC）同时起飞，飞行至 1/8 处，其中一架（A）分油后，安全返航；剩余两架（BC）飞行到 1/4 处时，其中一架（B）分油后，安全返航；A 降落后加完油，在 B 返回后马上起飞，逆向接应 C；同样 B 降落后加完油，也立即逆向起飞，接应 AC；两架（AC）在逆向 1/4 处相遇，分油后同飞行；3 架（ABC）飞机在逆向 1/8 处相遇，分油后继续飞行。这样就可以完成任务了。

所以，3 架飞机飞 5 次就可以完成任务。

与男友逛夜市

4 件小饰品的单价分别为 1 元、1.5 元、2 元、2.25 元。

法式利饼干

可怜的洛恩一共有 15 块饼干。瑞本得到 7.5 + 0.5。即 8 块饼干，还剩下 7 块；利娜莎得到 3.5 + 0.5，即 4 块饼干，还剩下 3 块；拉拉安得到 1.5 + 0.5，即 2 块饼干，还剩下 1 块；比特得到 0.5 + 0.5，即 1 块饼干，而洛恩则 1 块也没有。

朋友的笑容

葛佳丝塔芙每次都在前一次的基础上降价 20%，所以，最后的售价是 563.20 元。

犯愁的设计

最少要 7 枚邮票，面额分别是 1

思维游戏总动员丛书

元、4 元、5 元、15 元、18 元、27 元与 34 元。

阿米斯的问题

16807，就是 $7 \times 7 \times 7 \times 7 \times 7 = 16807$。这个问题来自古埃及的"莎纸游戏"，由阿米斯记载于公元前 1850 年。这或许是世界上最早的智力题，它激发了后人的许多灵感。

豪华巨轮

因为船会随着潮水而上下浮动，所以潮水涨至最高点时水面上仍有 50 条横档。

派对上的酒桶

A 桶中原来有 66 升的葡萄酒，B 桶中原来有 30 升的葡萄酒。

兼职生活

如果按照正常计算，米兰和安瑞分别会卖得 15 元和 10 元，一共是 25 元。当安瑞带 60 只小鸡去集市时，每 5 只小鸡中，2 只是自己的，3 只是米兰的，这样直到把米兰的小鸡卖完。接下来，她开始卖自己剩下的 10 只小鸡。按理说，她自己的 5 只小鸡应该价值 2.5 元，但是，在最后两笔交易中她每次都损失了 5 角。所以，最终少了 1 元。

线索套

37 – 37 – 37。

这几个数计算如下：

$37 \times 3 = 111$；$37 \times 6 = 222$；$37 \times 9 = 333$。

亲朋好友合影

爸爸一共邀请了 16 个亲戚朋友，一卷胶卷可以照出 60 张照片。

纳塔兄弟

四兄弟骑车行走 1 千米所用的时间分别是 1/6 小时、1/9 小时、1/12 小时和 1/15 小时。所以，他们行走一圈所用的时间就分别是 1/18 小时、1/27 小时、1/36 小时和 1/45 小时。这样，他们会在 1/9 小时之后第一次相遇（即 20/3 分钟）。4 乘以 20/3 分钟得出 80/3 分钟，即他们第四次相遇所需要的时间。

图形变换

思维游戏总动员丛书

　　图形游戏不但可以提高我们的几何机敏性，培养我们的思考能力，还会带给我们很多乐趣。当你看到这一部分图形游戏的时候，就是你在刁钻的难题中寻找解题乐趣的时候了！在解答游戏中的问题时，你肯定会体会到"山重水复疑无路，柳暗花明又一村"的惊喜！

移动8次

取出 24 根火柴，摆成如图－01 所示的 9 格正方形。请你移动 8 次，每次都把它变成新的图形。

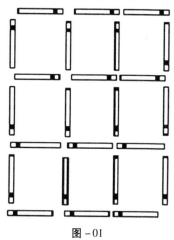

图－01

（1）移动 12 根火柴，使移动的火柴形成新的相同图形；

（2）去掉 4 根火柴，使剩下的火柴构成 1 个大正方形和 4 个小正方形；

（3）去掉 4 根、6 根或 8 根火柴，使剩下的火柴形成 5 个相等的正方形；

（4）去掉 8 根火柴，使剩下的火柴形成 4 个正方形（有两解）；

（5）去掉 6 根火柴使剩下的火柴形成 3 个正方形；

（6）去掉 8 根火柴，使剩下的火

柴形成 2 个正方形（有两解）；

（7）取出 8 根火柴，使剩下的火柴形成 3 个正方形；

（8）取出 6 根火柴，使剩下的火柴形成 2 个正方形和 2 个不规则的六角形。

难度等级　★★★☆☆

螺旋变三角形

用 35 根火柴摆成如图－02 所示的螺旋，你能移动 4 根火柴使其变成 3 个正方形吗？

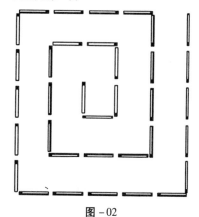

图－02

难度等级　★★☆☆☆

房子变正方形

取出 11 根火柴摆成如图－03 所示的房子，请你重摆两根火柴把它变成 11 个正方形，或重摆 4 根火柴把它变成 15 个正方形。

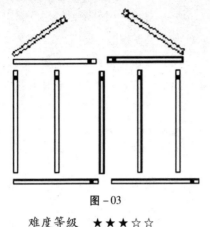

图 - 03

难度等级　★★★☆☆

至少拿掉几根

取出火柴摆成如图 - 04 所示正方形。最少要拿去多少根火柴，才能使剩下的火柴形成的图形中，大小正方形一个也没有？

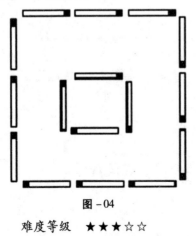

图 - 04

难度等级　★★★☆☆

搭　桥

取出 16 根火柴摆成如图 - 05 所示的堡垒，堡垒四周围着深沟，它的宽度为一根火柴杆。如果有两块长度等于沟宽度的木板，怎样搭桥过沟进入堡垒？

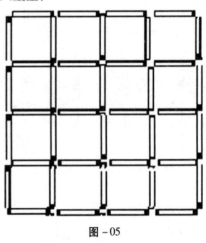

图 - 05

难度等级　★★★☆☆

变换的箭

用 16 根火柴摆成如图 - 06 所示的"箭"，请你：

（1）重摆 8 根火柴摆成 8 个三角形；

（2）重摆 7 根火柴摆成 5 个四角形。

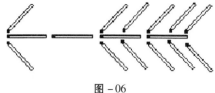

图－06

难度等级 ★★★☆☆

有水井的花园

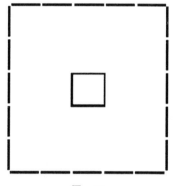

图－07

取出 20 根火柴摆成花园的四周。花园中央有一口水井，由 4 根火柴摆成，如图－07 所示。请你：

（1）再取 18 根火柴把它分成大小相等和形状相同的四部分；

（2）再取 20 根火柴把它分成 8 个大小相等和形状相同的四部分。

难度等级 ★★★☆☆

等边三角形

3 根火柴可连接成如图－08 所示的等边三角形。你能用 9 根火柴连接成 7 个等边三角形吗？

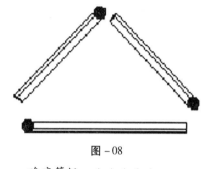

图－08

难度等级 ★★★☆☆

先拿哪一根

拿出 13 根火柴和 1 枚硬币（棋子或其他任何圆物）。把 13 根火柴均匀地围绕硬币摆上，如图－09 所示，有 1 根火柴头部必须朝向硬币。

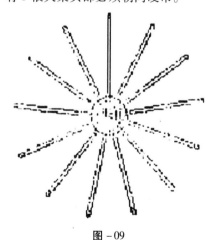

图－09

请你最先拿去 1 根火柴，然后围绕硬币拿数到的第 13 根火柴，直到剩下 1 头朝硬币的那根火柴为止。

第 1 根火柴应拿哪一根？

每列 3 个

取出 9 个棋子在桌子上摆方阵，要使方阵每边有 3 个棋子和中心有 1 个棋子，如图 – 10 所示。

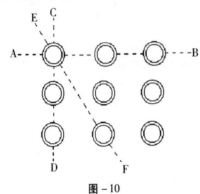

图 – 10

2 个或更多棋子位于一条直线上称为列，如图 – 10 的 AB、CD 等。

AB 和 CD 直线上有 3 个棋子，EF 直线上只有 2 个棋子。你说说，图 – 10 中 3 个棋子一列的有多少？2 个棋子一列的有多少？

现在请你去掉 3 个棋子，再把剩下的 6 个棋子摆成 3 列，而且每列有 3 个棋子。

难度等级　★★★☆☆

8 个棋子

画出图 – 11 所示方格，并在对角线上的方格画出影线。之后取出 8 个棋子，将其中的一个棋子放入白格，如图 – 11，放在第一纵行下面的影线格子上面。

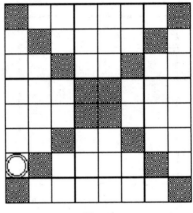

图 – 11

现在请你把其余 7 个棋子摆在白格内（但不能摆在有影线的格内），使每一个纵行和每一横行不能有 2 个棋子。

难度等级　★★★☆☆

四步围成圆

准备 6 个棋子（或其他图片），摆成如图 – 12 的形式。

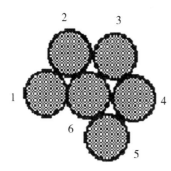

图 – 12

现在要求 4 步（即 4 次滚动）形成环圈，如图 – 13。

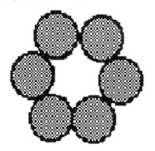

图 – 13

游戏方法：为了不混淆，给棋子贴上纸，并编上号。用手压住 5 个棋子使它们不动，滚动剩下的一个棋子（如第 5 号）到新的位置。滚动时不能离开其他棋子，而且移到新位置还需至少和两个棋子接触。此游戏看起来简单，实际上比较困难。

按玩游戏的方法，可以有不同的滚动顺序围成圆环。请你找出滚动圆环的所有答案。

难度等级　★★★☆☆

交换棋子的位置

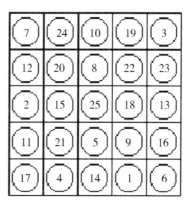

7	24	10	19	3
12	20	8	22	23
2	15	25	18	13
11	21	5	9	16
17	4	14	1	6

图 – 14

取出 25 个棋子，贴上从 1 到 25 的顺序数，然后任意摆在图 – 14 所示的方格内。

现在请你交换棋子，使它们按顺序排列，即排列（交换）成：第一横行从左到右为 1，2，3，4，5，第二横行为 6，7，8，9，10……位置交换是两棋交换，如 7 和 1 交换，24 和 2 交换等。

请问，达到游戏的要求至少要交换几次？

难度等级　★★★☆☆

黑白棋子

取 3 个白棋子放在方格 1，2，3内，再取 3 个黑棋子放在方格 5，6，

7 内，如图 –15。

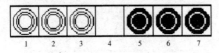

图 – 15

游戏是利用空格 4 把白色棋子移到黑棋子的位置，再把黑棋子移到白棋子的位置，同时必须遵守以下规定：

（1）棋子只能移到相邻格内；

（2）如果相邻棋子旁边有空格，允许跳过相邻的棋子；

（3）只允许走 15 步。

难度等级　★★★☆☆

拼成一个圆片

玲玲是初中二年级学生，非常聪明。她用硬纸剪了两枝如图 – 16 所示纸花，这两枝纸花的花瓣、叶、茎都是分开的。

图 – 16

你能用这两枝花的各部分拼成一个圆片吗?

难度等级　★★★☆☆

一笔把 9 个圆点连起来

一张纸上有分布成方阵的 9 个圆点，如图 – 17 所示。请你不离开纸面一笔画 4 条直线使所有点连接起来。

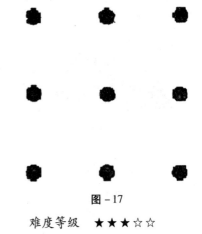

图 – 17

难度等级　★★★☆☆

按另一种方式栽橡树

最初打算把 27 株橡树按图 – 18 栽成美丽的图案，例如栽成 9 行，每行 6 株。但园林学者认为这种设计是错误的，因为橡树仅上面需要阳光，而侧面应是绿茵，这即是俗话说的"喜欢不戴帽子穿皮袄"。这样设计会有 3 株孤立起来，不符合橡树的生长习性。

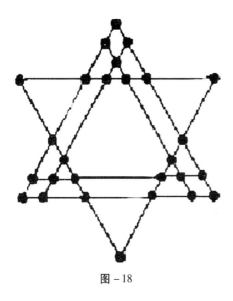

图－18

你能否按同一条件把图－18分成3组，每组没有一株橡树孤立于外？

难度等级　★★★☆☆

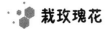 **栽玫瑰花**

新乐小区有一块三角形空地，如图－19。花圃工人在这块三角形空地上栽上16株玫瑰花，而且栽成12行，每行4株，栽好后准备移入小区的中央花坛，按每行4株栽成15行。请你按后面所说的要求，栽这16株玫瑰花，并画成图。

图－19

难度等级　★★★☆☆

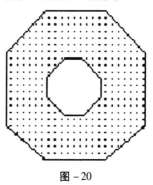 **一朵八瓣花**

在一张厚纸上画出如图－20所示正八角形，并在此八角形的中心按图－20准确画出八角形孔。请你把此八角形剪成8个相等的三角形，并用这8个三角形拼成一朵有8瓣的花，而且花的蕊心也是正八角形。

图－20

难度等级　★★★☆☆

用棋子摆方阵

取 12 个棋子很容易排成每边有 4 个棋子的方阵，如图－21 所示。

图－21

（1）现在请你用 12 个棋子，摆成每边有 5 个棋子的方阵。

（2）再用 12 个棋子摆成水平和垂直线都是 3 列，而且每列都有 4 个棋子的方阵。允许棋子叠在一起。

难度等级　★★★☆☆

确定木材直径

图－22 是制造胶合板的薄木板，它是从圆木料上切下的，尺寸为 150 厘米×150 厘米。此圆木料的直径约多大？

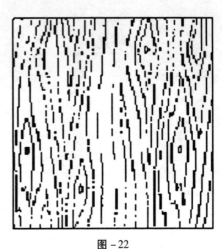

图－22

难度等级　★★☆☆☆

纸　虾

有一个纸虾，是由 17 个不同几何形状的部分拼成的，如图－23 所示。

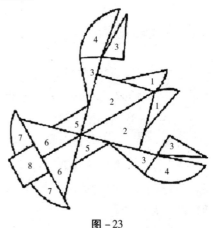

图－23

你能迅速拼成圆形或方形吗？

难度等级　★★★☆☆

保持面积成比例

取出 20 根火柴摆成 2 个长方形，一个用 6 根火柴，另一个用 14 根火柴，如图 – 24。

图 – 24

图左面的长方形，用虚线分成 2 个正方形，右面用虚线分成 6 个正方形。可以看出后者的面积比前者大 2 倍。

现在请你把这 20 根火柴分成 7 和 13 两组，然后摆成面积保持3∶1的其他图形。

难度等级　★★★☆☆

篱　笆

用火柴摆的"篱笆"如图 – 25 所示，共用 26 根火柴。

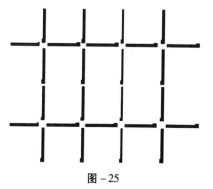

图 – 25

请你重摆 14 根火柴使它形成 3 个正方形。

难度等级　★★★☆☆

数正方形

让我们动一点脑筋吧。把手放到背后，数一数图 – 26 中共有多少个正方形。记住，大的正方形里套着许多小的正方形呢!

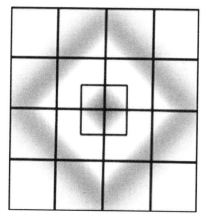

图 – 26

难度等级　★★☆☆☆

向左转

用 8 根火柴棒，你能摆出 1 条向右游动的小鱼。

现在你能不能只移动其中的 3 根火柴棒，使得这条鱼向左游呢?

31

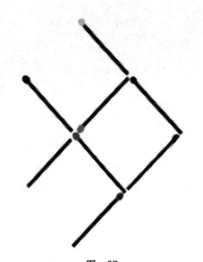

图 - 27

难度等级 ★★☆☆☆

做个小建筑师

用 11 根火柴搭好下图这座房子，然后，只移动 1 根火柴，就能够搭成房子朝向另外一面的样子。

图 - 28

你想出来怎么移了吗?

难度等级 ★★☆☆☆

奇怪的锁

这是把耶鲁锁的横切面。锁栓的高度因钥匙的插入部分而不同，看起来这是一把有 5 道保险的坚固的锁。

图 - 29

可为什么把钥匙插进去了，却打不开呢?

难度等级 ★★☆☆☆

玻璃缸里的鱼

4 根火柴做成了一个玻璃缸，玻璃缸里面是一块鱼形的糖。现在你只可以移动 2 根火柴，就要使这条小鱼在玻璃缸外。

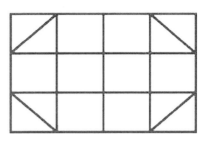

图 - 31

图 - 30

图 - 32

怎么办？试试吧！

难度等级 ★★☆☆☆

 单笔画

仔细研究下面这些图画的奥秘，也动手画一画，看看你能否将它们一笔画出。不过，其中有 3 幅图是不可以一笔画出的。

你能将它们找出来吗？

图 - 33

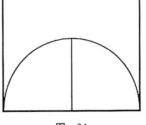

图 - 34

33

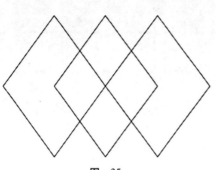

图 – 35

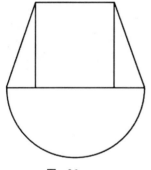

图 – 36

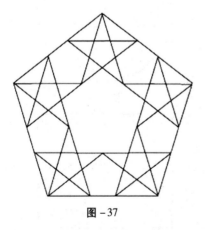

图 – 37

图 – 38

图 – 39

图 – 40

难度等级　★★★☆☆

处决犯人

　　假设你是古埃及的皇帝，你的一个职责就是处决 36 个囚犯，让他们被角斗场里的狮子吃掉。狮子每天吃6个人，而囚犯中恰有6个人你恨之入骨，但你又想表现得公正无私。

古罗马的一个传统的处决犯人的办法是第十人处决法：让犯人排队，从一数到十，处决第十个犯人。如果你让那些囚犯围成圈，那你如何安排这6个人的位置使他们都在第一天被狮子吃掉？

难度等级　★★★☆☆

老实的骗子

老实先生一家人一点都不老实。这天中午吃饭，爷爷先在圆形的餐桌前坐了下来，问其他4个人要怎么坐。没想到他们连这个也要说谎。

妈妈："我坐女儿旁边。"
爸爸："我坐儿子旁边。"
女儿："妈妈是在弟弟的左边。"
儿子："那我右边是妈妈或姐姐。"

请问：他们一家人到底是怎么坐的？

难度等级　★★★☆☆

谁在前面谁在后面

甲、乙、丙、丁、戊和已6个人

排成一排开始训练。乙没有排在最后，而且他和最后一个人之间还有两个人；戊不是最后一个人；在甲的前面至少还有4个人，但他没有排在最后；丁没有排在第一位，但他前后至少都有2个人；丙没有排在最前面，也没有排在最后。

请问他们6个人的顺序是怎么排的？

难度等级　★★★☆☆

多变的三角形

如图－41所示，有4个正三角形。

请问你能否再添加一个正三角形，使之变成14个正三角形？

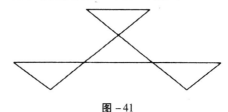

图－41

难度等级　★★★☆☆

火柴游戏

图－42是用12根火柴摆成的6个等边三角形。移动2根火柴，使它成为4个等边三角形。继续移动，图形会变成 3 个等边三角形、2 个等边三角形。三角形的大小可以不一样，但不能重复。你能做到吗？

图 - 42

难度等级 ★ ★ ★ ☆ ☆

快乐七巧板

在通常的七巧板中，一个正方形被割成 7 块，如图 - 43。你能否用这 7 块拼出这里只给出轮廓的 6 个图形（图 - 44）？

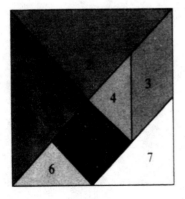

图 - 43

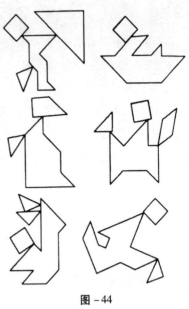

图 - 44

难度等级 ★ ★ ★ ☆ ☆

杯子游戏

现有 10 只杯子排成一行。左边 5 只杯子里装满水，右边 5 只杯子是空的。在只动 2 只杯子的情况下，能否使这 10 只杯子变成有水杯子与无水杯子相互交错的一排？

难度等级 ★ ★ ★ ☆ ☆

有趣的类比

如果图 - 45 阴影部分代表 4，那么，图 - 46 阴影部分代表几？

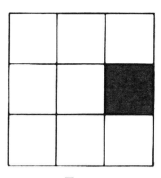

图 -45

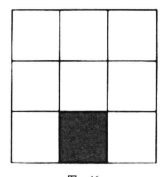

图 -46

难度等级 ★ ★ ★ ☆ ☆

枪 眼

许多很有趣的问题使用了边长比为 2：1 的方块，就像多米诺骨牌一样。枪眼问题便是一个这样的题目。在该问题中，你必须找出一种方法，用 2×1 的方块构造出最多的 1×1 的洞眼。你能否在一个 4×7 的方格中放上 10 个 2×1 的方块，并构造出 8 个洞眼，每个都是 1×1 的？

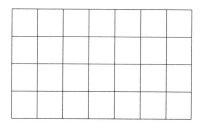

图 -47

难度等级 ★ ★ ★ ☆ ☆

芭芭拉偷点心

如图所示，每间房子里都有一块甜饼。老鼠芭芭拉想一次吃完所有的点心后，从 A 门出来。请问芭芭拉从 1~8 中的哪扇门进去，才不走重复路线？（每间房只允许进出各一次，并且不许从同一扇门进出。）帮芭芭拉想一想该怎么走。

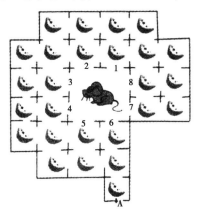

图 -48

难度等级 ★ ★ ★ ☆ ☆

"十" 字标记

图－49 所展示的是一块钢质材料，奥德想用它做成一个"十"字形标记，放在铺面的前面。奥德费了很大的劲才弄好。其实，只要沿着一条曲线锯开，就能把它做成"十"字形标记。聪明的你知道怎么锯吗？

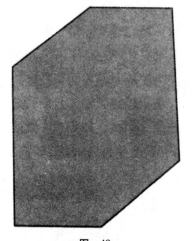

图－49

难度等级　★★★☆☆

一笔画图

考古人员在希腊进行发掘工作时，使一批奇异的古代遗迹重见天日。他们发现很多纪念碑的碑文上反复出现下面这个由圆和三角形组成的符号。

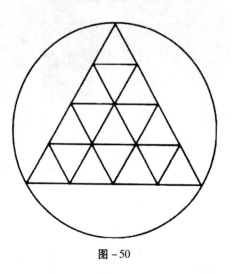

图－50

这个图可以一笔画出，任何线条都不能重复画过两次以上。不过，如果采取那种更为一般的、允许同一线条可以随意重复画过的画法，只是要求用尽可能少的转折一笔画出这个图形，它无疑会成为很好的一道趣味题。你知道怎么画吗？

难度等级　★★★☆☆

变方块

如下图所示，把火柴棒聚集起来，然后去掉其中的 2 根，使方块变成 2 个。

你能做到吗？

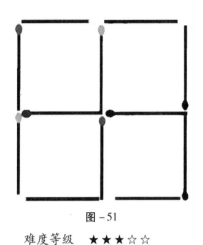

图 - 51

难度等级 ★ ★ ★ ☆ ☆

答案

移动 8 次

（1）在大正方形内取出 12 根火柴，将它们摆成新的相同正方形，如图 1 - 01；

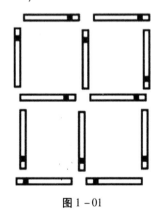

图 1 - 01

（2）见图 1 - 02；

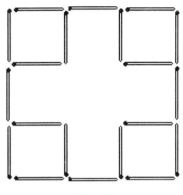

图 1 - 02

（3）见图 1 - 03a、b 和 c。去掉 4 根火柴如图 a；去掉 6 根火柴如图 b；去掉 8 根火柴如图 c。

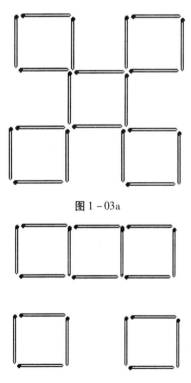

图 1 - 03a

图 1 - 03b

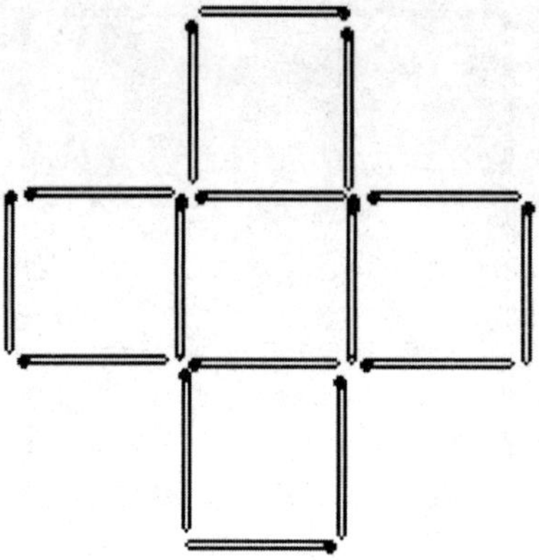

图 1 - 03c

（4）见图 1 - 04a、b。

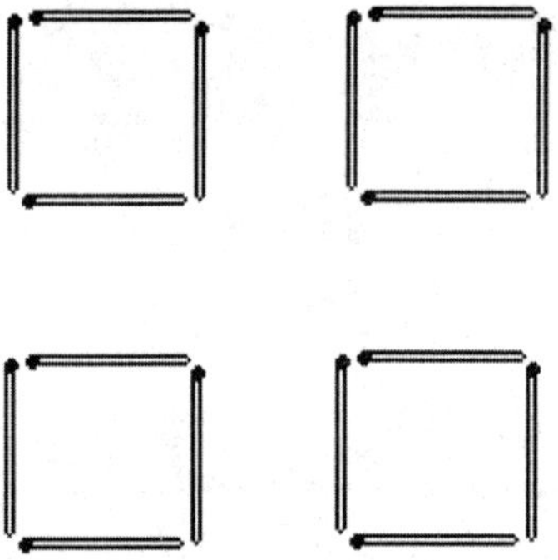

图 1 - 04a

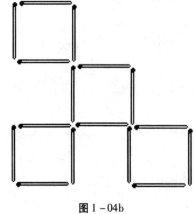

图 1 - 04b

（5）见图 1 - 05。

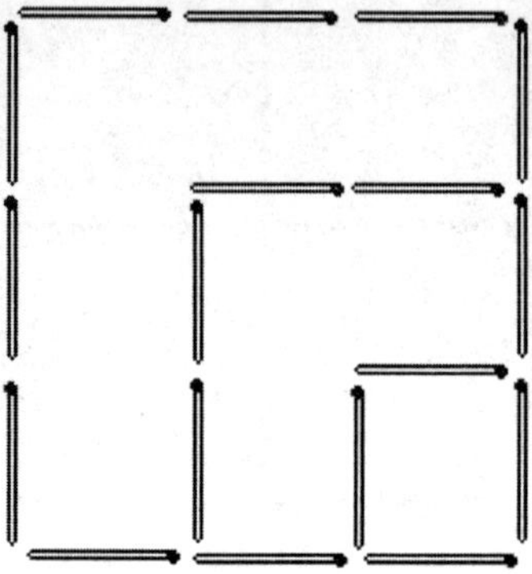

图 1 - 05

（6）见图 1 - 06a、b。

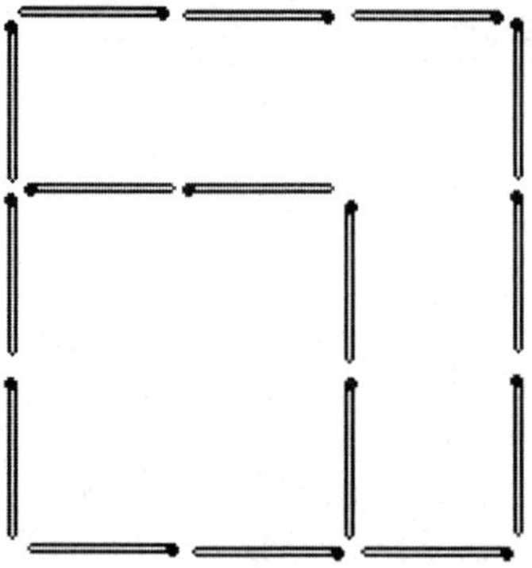

图 1 - 06a

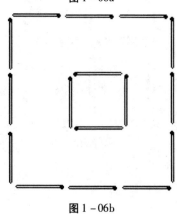

图 1 - 06b

思维游戏总动员丛书

（7）见图 1 - 07。

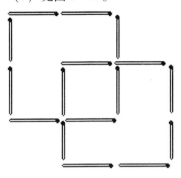

图 1 - 07

（8）见图 1 - 08。

图 1 - 08

螺旋变三角形

详见图 1 - 09。

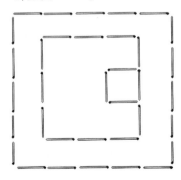

图 1 - 09

房子变正方形

见图 1 - 10。重摆两根如图 a，重摆 4 根如图 b。

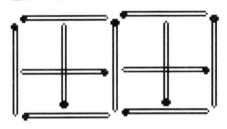

图 1 - 10a

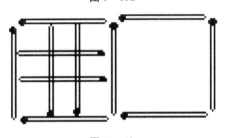

图 1 - 10b

至少拿掉几根

见图 1 - 11，至少取出 9 根火柴。

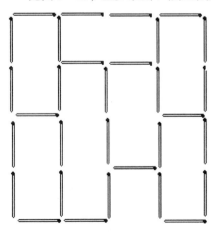

图 1 - 11

搭 桥

详见图 1 – 12。

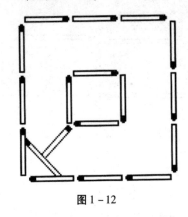

图 1 – 12

变换的箭

详见图 1 – 13a、b，a 为重摆 8 根火柴，b 为重摆 7 根火柴。

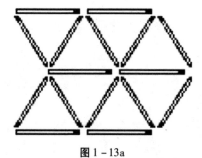

图 1 – 13a

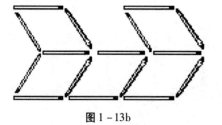

图 1 – 13b

有水井的花园

详见图 1 – 14a、b。

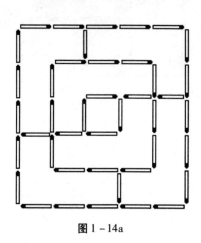

图 1 – 14a

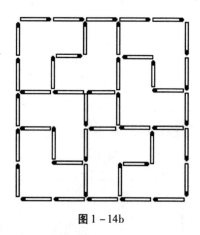

图 1 – 14b

等边三角形

详见图 1 – 15，可连接成 7 个等边三角形，若仅限于平面，则无解。

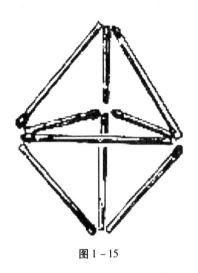

图 1 – 15

先拿哪一根

先拿头朝向硬币的右边第 5 根火柴（头朝向硬币的火柴不算）。

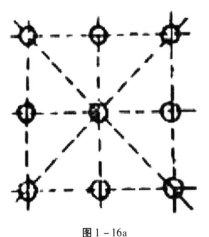

图 1 – 16a

每列 3 个

3 个棋子一列的共有 8 列，详见图 1 – 16a；2 个棋子一列的共有 12 列，详见图 1 – 16b；如果去掉 3 个棋

子后，把剩下的 6 个棋子摆成三角形，详见图 1 – 16c，则每列有 3 个棋子。

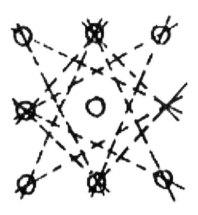

图 1 – 16b

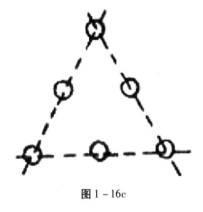

图 1 – 16c

8 个棋子

只有一个答案，如图 1 – 17 所示。不能乱摆，摆的规律是：第二纵行方格从上至下，在一个方格放一个棋子，而且尽量摆在下面的方格内，使第一纵行的方格有按条件放棋子的位置。然后如前述，在第三纵行尽可

能低的方格放棋子，以后以此类推。力求在该行尽可能低的方格放棋子，目的是使后一纵行有按条件放棋子的位置。

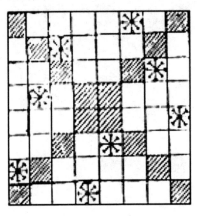

图 1－17

当在纵行出现没有按条件放棋子的位置时，应按游戏规定的条件，以最少的格数升高前一纵行所摆棋子的位置。如果没有方格升高，就应去掉所有 8 个棋子，重新按上述升高位置摆第一纵行的棋子，并按前述摆其余各纵行的棋子。必须指出，只有右边没有按条件摆棋子的位置时，才能这样做。

这种摆棋子的方法虽然时间长，但系统，一定能达到游戏的要求。

四步围成圆

共有 24 个答案。现用数字表示：

（1）1—2，3；2—6，5；6—1，3；1—6，2

（2）1—2，3；4—1，3；3—6，5；5—3，4

（3）1—4，5；3—4，1；4—2，6；2—3，4

（4）1—4，5；5—2，6；6—4，1；1—6，5

（5）2—3，4；3—1，6.5；6—2，4；2—1，6

（6）2—3，4；5—2，3；3—1，6；1—3，5

（7）2—4，5；5—1，3，6；6—2，4；2—1，6

（8）2—4，5；3—2，5；5—1，6；1—5，3

（9）3—1，2；5—3，2；2—2，6；4—5，2

（10）3—1，2；4—3，1；1—6，5；5—1，4

（11）3—1，2；1—2，6，4；6—2，3；3—6，5

（12）3—1，2；2—1，6，5；6—3，1；3—6，4

（13）3—4，5；2—3，5；5—1，6；1—2，5

（14）3—4，5；1—3，4；4—2，6；2—1，4

（15）3—4，5；4—1，6，5；6—5，3；3—2，6

（16）3—4，5；5—2，6，4；6—3，4；3—1，6

（17）4—3，2；3—1，6，5；6—2，4；4—5，6

（18）4—3，2；1—4，3；3—5，6；5—3，1

（19）4—1，2；1—3，6，5；6—2，4；4—6，5

（20）4—1，2；3—1，4；1—6，5；5—1，3

（21）5—3，4；4—1，6；6—3，5；5—6，4

（22）5—3，4；2—3，5；3—1，6；1—2，3

（23）5—1，2；3—2，5；2—6，4；4—3，2

（24）5—1，2；1—4，6；6—2，5；5—1，6

交换棋子的位置

最少的交换次数是19次。

最省的交换法是链式（位置）交换。例如棋子1和7交换后，7和第7方格内占据的那个棋子交换，即和棋子20交换。之后棋子20和第20方格内占据的那个棋子16交换。之后，棋子16和占据在第16方格的棋子11交换。以此类推，直到链终了为止。所谓链终，就是两个应交换的棋子按顺序占据在自己的位置上。

链终了时，进行新的交换链，直到链终。

这个游戏必需交换的棋子是5个链：

（1）1和7；7和20；20和16；16和11；11和2；2和24。

（2）3和10；10和23；23和14；14和18；18和5。

（3）4和19；19和9；9和22。

（4）6和12；12和15；15和13；13和25。

如果按所有棋子最初位置依次写成一排，并在它的下面写出顺序数，则能事先确定它们的交换方式：

7、24、10、19、3、12、20、8、22……6

1、2、3、4、5、6、7、8、9……25

删去第一对1和7，确定为第一次的交换数。然后在下面的一排数中找出7上面的数20，删去20和7这一对数，确定为第二次交换。然后在下面的这一排数找到20，它上面的数是16，删去20和16，确定为第三次交换。以此类推。

当链终时，从未删去的数的最左边开始，进行新的链交换。

在最坏的时候只有一个链，这时要交换的棋子至少要进行25 – 1 = 24次交换。最后一次交换，两个棋子占据在它自己的位置上。

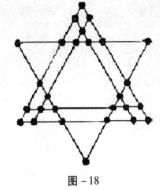

图－18

我们的情况是 5 条链，但有一个棋子（8 号棋子）开始就占据在它自己的位置上，所以必须而且最少交换的次数应是 25 － 5 － 1 ＝ 19。

黑白棋子

详见图 1 － 18。白棋子只能往上移动或向上跳，黑棋子只往下移动或往下跳。走的顺序是黑、白、白、黑、黑、黑、白、白、白、黑、黑、黑、白、白、黑，共 15 步。

拼成一个圆片

答案详见图 1 － 19。

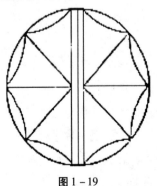

图 1 － 19

一笔把 9 个圆点连起来

这题的答案并不唯一，图 1 － 20 只是答案之一，其他的答案请你来画一画。

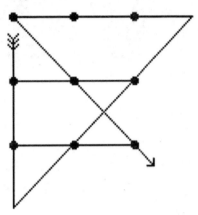

图 1 － 20

按另一种方式栽橡树

详见图 1 － 21。

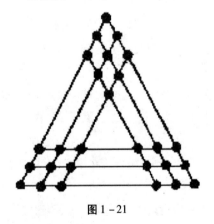

图 1 － 21

栽玫瑰花

详见图 1 － 22。

46

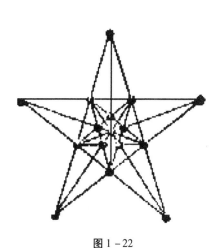

图 1 – 22

一朵八瓣花

详见图 1 – 23。

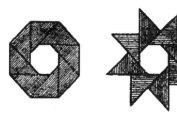

图 1 – 23

用棋子摆方阵

详见图 1 – 24a 和 b。a 方阵在 4 顶角各放 2 个棋子，b 是用 9 个棋子摆成方阵，获得了 3 条垂直线和 3 条水平线。剩余的 3 个棋子摆在方阵一对角线上。

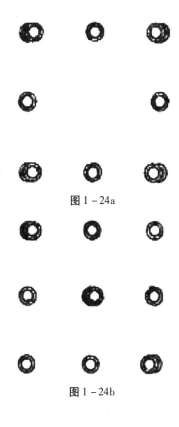

图 1 – 24a

图 1 – 24b

确定木材直径

直接测量树节切处从胶合板的一边到另一边的距离，它约为整张胶合板的 2/3。

胶合板宽度 150 厘米，由此可知两切处的距离，或木料这一层的周边为 100 厘米，故厚木料的直径约 32 厘米。

纸　虾

详见图 1 – 25a、b。

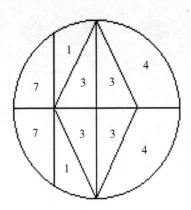

图 1 – 25a

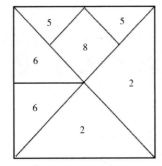

图 1 – 25b

保持面积成比例

详见图 1 – 26。

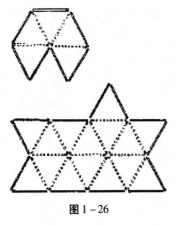

图 1 – 26

篱笆

详见图 1 – 27。

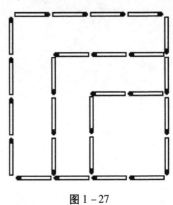

图 1 – 27

数正方形

大大小小的正方形共 36 个。

向左转

详见图 1 – 28。

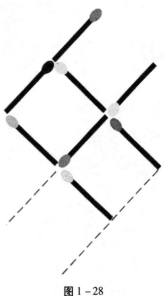

图 1 – 28

思维游戏总动员丛书

做个小建筑师

详见图 1 – 29。

图 1 – 29

奇怪的锁

这把锁的设计在于如果你把钥匙拔出来，锁栓就变成了一条直线，那样你不用钥匙就可以开门了。事实上，只有你把钥匙插进去才能把门锁住。

玻璃钢里的鱼

详见图 1 – 30。

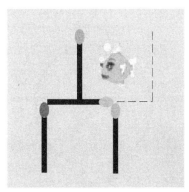

图 1 – 30

单笔画

不能一笔画成的是图 – 34、图 – 36、图 – 38。告诉你一个小窍门，我们能一笔画成的图形，一定是那些没有交叉点或只有两个交叉点的图形，而汇集在这两个交叉点上的直线段或曲线段又必须是奇数的。用这个方法你就能判定哪些图形能一笔画成，而哪些图形不能一笔画成。

本题中能够一笔画成的图形可以按下面的方法来画。

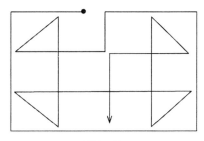

图 1 – 31

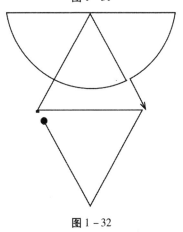

图 1 – 32

图 1 – 33

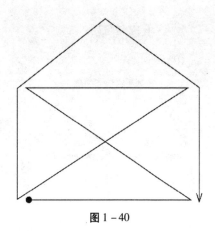

图 1 – 40

处决犯人

求这个问题的通用公式困扰了数学家们几个世纪，而最好的解法是尝试。在 36 个人中，你应该把你的敌人安排在这些位置：4、10、15、20、26 和 30。

图 1 – 35

老实的骗子

如图 1 – 41 所示。从爷爷的左边开始。依次是儿子、女儿、爸爸、妈妈。

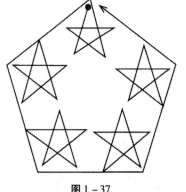

图 1 – 37

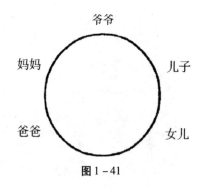

图 1 – 41

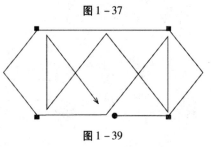

图 1 – 39

谁在前面谁在后面

他们的顺序依次是：戊、丙、己、丁、甲、乙。

多变的三角形

经过观察可以发现，原图中每个三角形的其中两边，都是另两个三角形一边的延长。线能延长，顶点能否连接？这样思维便突破了原图的框架。如果将顶点连接线再继续延长，势必又会出现3个交点，于是这3个交点也就可以成为新三角形的顶点了。

所以答案是可以。如图1－42所示，再加一个大正三角形，大小不一的正三角形就可以有14个了。

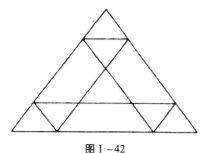

图1－42

火柴游戏

详见图1－43。

图1－43

快乐七巧板

详见图1－44。

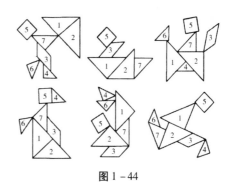

图1－44

杯子游戏

将第2只杯子与第3只杯子里的水分别倒入第7只与第9只空杯子中。

有趣的类比

8。图中的方格被编以1到9之间的号，从左上角开始，先从左到右，再从右到左，最后又从左到右。

枪　眼

一块板上能构造出的洞的最大数目不可能超过多米诺骨牌的数量。实际上，如果板的一边长可以被3整除，那么洞的最大数目就是两边长的乘积再除以3。

图 1 - 45

芭芭拉偷点心

芭芭拉从第 8 扇门进去,这样能一次吃完所有点心且路线不重复。其路线如图 1 - 46。

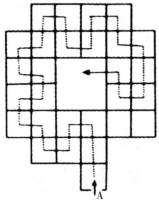

图 1 - 46

"十"字标记

详见图 1 - 47。

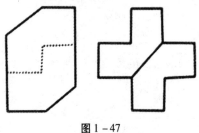

图 1 - 47

一笔画图

这个图可以经过 13 个转折一笔画成:

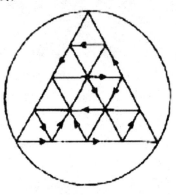

图 1 - 48

变方块

详见图 1 - 49。

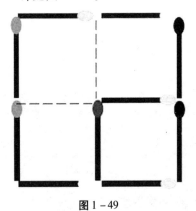

图 1 - 49

疑案推理

　　很多青少年朋友都看过福尔摩斯、柯南等一些侦探的故事，机智过人的福尔摩斯和柯南也成了不少青年朋友的偶像。那么，福尔摩斯和柯南为什么总能找到问题的答案呢？这是因为他们会思考所发现的任何一个细节。

　　在本章内容中，我们为你准备了很多侦探类的思维游戏。在游戏中，你也可以做一次福尔摩斯或柯南了！

谁在说谎

一个瓜农一直非常精心地侍弄自己的西瓜地。一次，他患了很严重的病，不能到田里去了，可他放心不下地里的西瓜，于是让两个儿子去田里看看西瓜的长势。大儿子回来说："西瓜有碗口大小。"而小儿子却说："西瓜只有碗底那么大。"

过了8天，瓜农的病痊愈了，他到田里一看，发现西瓜果然有碗口那么大。

你知道当时两个儿子谁说了假话吗？

难度等级　★★☆☆☆

额头上的"王"字

在某年夏天，有三位学者坐在树林里的草坪上讨论哲学问题，由于天气酷热，不一会儿三人就困倦了。于是他们就躺在树荫下休息，过不多久就都睡着了。

这时，有一个爱开玩笑的人来到草坪，用墨笔在他们的前额上分别写了一个"王"字。

他们醒来的时候，你望着我，我望着你，都哈哈大笑起来，谁也没恼怒，每个人看起来都很自然，而且都是两人朝一人笑。

突然一位学者停止了笑，明白了自己的前额上写了些什么。

他是怎样断定的？

难度等级　★★★☆☆

谁是小偷

警察正在盘问一宗珠宝盗窃案的5个嫌疑犯A、B、C、D、E。他们当中只有3个人说的是真话。根据他们的说法，你能判断出谁是盗贼吗？

A说："D是小偷。"

B说："我是无辜的。"

C说："E不是小偷。"

D说："A说的全是谎话。"

E说："B说的全是真话。"

难度等级　★★★☆☆

情报电话

福特在金冠大酒店被歹徒劫持，歹徒逼迫他当着他们的面给家里报平安。福特的电话内容是这样的：

"亲爱的罗莎，您好吗？我是福特，昨晚不舒服，不能陪您去夜总会，现在好多了，多亏金冠大酒店经理上月送的特效药。亲爱的，不要和我这样的'坏人'生气，我们会永远在一起的，请您原谅我的失约。我的病不是很快就好了吗？今晚赶来您家时再向您道歉，可别生我的气呀！好吧，再见！"

可是5分钟后，警察突然出现在他们面前，歹徒不得不举手投降。你知道福特是怎么报案的吗？

难度等级　★★☆☆☆

凶器是什么

一具女尸在沙漠腹地被人发现。死者随身携带的首饰和钱包被洗劫一空，一只丝袜也被凶手扯下来扔在一边。验尸官报告说受害者是由于头部受到钝器击打而死。警察搜查附近的村落，抓住了嫌疑犯，但是由于找不到嫌疑犯使用的凶器，始终无法定罪。案子被移交给了更高一级的法院。接手此案的是个有丰富经验的法官，他仔细阅读了案件的材料，最后找出了嫌疑犯的作案方式和凶器，嫌疑犯只得认罪伏法。

凶器究竟是什么呢？

难度等级　★★☆☆☆

投毒命案

一天早晨，某集团的董事长被发现死在自己家的后院里。死因是氰化钾中毒，死者在准备骑自行车出去晨练时，吸入剧毒气体而死。

可是，案发当天，既没人接近过死者的房子，也没发现现场有任何可能产生氰化钾的药品和盛放氰化钾的容器。那么，罪犯是使用了什么手段将这位董事长毒死的呢？

调查这一案件的警探发现，倒在地上的自行车的一个车胎已经完全没气了，变得扁扁的。注意到这一点后，警探马上就识破了罪犯的作案手段。

你知道凶手是如何作案的吗？

难度等级　★★☆☆☆

一个关键的指纹

汤姆向欧文斯借了很多钱买了栋豪华的别墅，可现在都快半年了，汤姆还没有还一分钱。欧文斯实在是无法忍受就按响了门铃，到汤姆的新家要钱。两人在争吵过程中动手打了起来。高大的欧文斯用两只手死死地掐住汤姆的脖子。汤姆在挣扎中左手摸到个锤子朝欧文斯的头砸去。欧文斯随即倒地，停止了呼吸。

杀死欧文斯后，汤姆马上把欧文斯的尸体拖到后院掩埋起来，然后擦拭干净所有的血迹，再认真清理了沙发、地板和欧文斯有可能碰过的东西，不留下一个指纹。正当他做完这一切的时候，门外响起了急促的敲门声——是欧文斯的两位警察朋友。

欧文斯曾交代，如果他在下午还没有回到家的话，就让他的警察朋友来这里找他。尽管汤姆十分镇定，但警察还是不费吹灰之力就找到了欧文斯的唯一一个指纹。你知道这个指纹在哪里吗？

难度等级　　★★☆☆☆

谁杀了双面间谍

一名在罗马出生和长大的双重间谍被杀死，临死前，他用自己的血写了一个"X"。据分析，这个"X"指的是杀死他的人，嫌疑犯有代号为12号的法国间谍、代号为6号的俄国间谍和代号为2号的美国间谍。

请问其中哪一个是凶手？

难度等级　　★★★☆☆

雪地上的脚印

在一个积雪厚达30厘米的冬天的早晨，一个罪犯在自己家中杀人后，穿过一片空地，把尸体扛到了邻

居家的院子里。然后他按原路返回。他拨通了警察局的电话，装作若无其事的样子说发现有人被害了。

警察赶到现场后，查看了那个人往返现场时留在雪地上的脚印，便厉声说："不要再装蒜了，你就是凶手。"

警察是怎么知道的呢？

难度等级　　★★☆☆☆

离奇命案

在海边沙滩上，发生了一桩离奇的命案。死者是当地的一个富翁。本来像死者这种身份的人身边总是会有侍从的，可是案发当天富翁让身边的侍从回房间取东西，自己一个人躺在沙滩上的躺椅上晒太阳。侍从回来后发现富翁被一把太阳伞的金属伞柄刺入胸膛致死。

令人奇怪的是，富翁附近的沙滩上除了侍从留下的脚印外，再也没有别人来过的痕迹，而警察也排除了侍从作案的可能。那凶手究竟会是谁呢，他又是怎么做到不留一丝痕迹的呢？

百思不得其解的警察请来了著名的侦探福尔摩斯。福尔摩斯来到案发现场进行了一番调查，他沉思了一会说："我明白了。"

思维游戏总动员丛书

你明白了吗?

难度等级　★★☆☆☆

别墅惨案

警察局接到报警电话,有人说他们的邻居朱丽叶好久没有出门了,而且房子里还传出难闻的味道。于是两个警察被派往朱丽叶的别墅去查看情况。当他们到达别墅前的台阶时,发现台阶上凌乱地放着很多报纸,台阶下面还有一瓶过期的牛奶。所有这些都说明房子的主人已经好久没来取这些东西了。

他们推开虚掩的门,发现朱丽叶的尸体倒在地板上,一把插在她胸口的尖刀夺去了她的生命。由于已经死亡多日,尸体发出难闻的气味。整个房间内的贵重物品也被洗劫一空。

两个警察在查看完这一切后,商量了一下,便决定去抓凶手了。

那么,凶手会是谁呢?

难度等级　★★☆☆☆

巧识凶手

牛顿是英国的数学家、物理学家和天文学家。他在剑桥读书时,有天晚上,马西教授请工友送一张字条给他,上面写着:"上个月伦敦西敏寺教堂发生的国王宝石失窃案件,我已经调查出了一些线索,希望你明天早上到我宿舍来,帮助我推理,宿舍是教授大楼第102号房。"马西教授是一位留有大胡子的老先生,英国历史学家,也是西敏寺教堂宝物展览室的顾问。

第二天早上,牛顿赶到102房间,却见到床上睡着马西教授年轻的助手。他有一张洁白光滑的脸,好像很爱干净。助手说:"我有一个仇人要杀我,听说昨天已经到大学找过我。我把这件事情告诉了马西教授,他提议我们交换房间。我原来住在隔壁的103号房,马西教授现在应该在我的房间里。"

牛顿听了就走到103号房,只见门锁已经被扭坏,留着大胡子的马西教授已经死在床上,是被人用手勒死的,喉部还有凶手留下的痕迹。助手见状,很悲伤地说:"一定是仇人不知道我们换房间,黑暗中把马西教授当做我,因而害死了他。"牛顿说:"别胡说,杀害马西教授的凶手就是你!"

你知道牛顿是如何推理的吗?

难度等级　★★★☆☆

嫌疑人的短文

星期六晚上，一家乐器商店被盗。盗贼是砸碎了商店一扇门上的玻璃窗后钻进店内的。他撬开 3 个钱箱，盗走 1225 克朗，又从陈列橱里拿了一只价值 14000 克朗的喇叭，放在普通喇叭盒里拿走了。警方找出三个嫌疑人，A、B、C。三个嫌疑人被带到警官面前，桌子上放着三支笔和一些纸。警官要求他们假设自己是盗贼，设法破门进入商店，偷些什么，采取什么措施来掩盖痕迹而写一篇短文。

A：星期六早晨，我对乐器店进行了仔细观察，发觉后院是最理想的下手地方。到了晚上，我打碎了一扇边门的玻璃窗，爬了进去。我先找钱，然后从橱窗里拿了一个很值钱的喇叭，溜出了商店。

B：我先用玻璃刀在橱窗上划开一个大洞，这样别人就不会怀疑我。我也不会撬三个钱箱，因为会有响声。我会去拿喇叭，把它放在盒子里，藏在大衣下面。

C：深夜，我在暗处撬开商店边门，然后戴着手套偷钱和橱窗里的喇叭。我要用这钱买真皮手套，之后再出售喇叭。

警官看完后，马上抓到了盗贼。盗贼是谁？警官是凭什么判断谁是盗贼的？

难度等级　★★★☆☆

杀人浴缸

一天，尼克探长要去看望住在海边豪宅的好友布莱克。路上，他给布莱克打了电话，告诉他大约半个小时后到。

半小时后，尼克准时到达，可在客厅里等了 5 分钟，还不见布莱克出现。这时仆人特里说："老爷进去洗澡已经半个多小时了，会不会……"尼克探长撞开浴室门，发现布莱克死在浴缸里。从初步检查的结果来看，他是溺水死的，死亡时间大概在半小时前。

警察赶到后做了进一步分析，发现布莱克的肺部有大量海水，而没有淡水残留。同时，整个下午只有仆人特里一个人在家，没有其他人来过。

尼克第一反应就是抓住特里，说他是凶手。特里拼命地否认他没有作案时间："尼克探长打电话来的时候主人还在接电话，从那时到现在只有 30 多分钟，可是从这里到海边却要一个小时。我就是坐飞机也来不及。"
但尼克却一口咬定是特里干的。

你认为尼克的理由是什么呢？

难度等级　★★☆☆

沸腾的咖啡

大侦探家福尔摩斯到森林中打猎，见天色晚了，便在空地上支起帐篷，准备宿营。

忽然一个年轻人跑来告诉福尔摩斯，他的朋友卡特被人杀害了。福尔摩斯问他叫什么，他说："我叫菲尔特。一小时前，我和卡特正准备喝咖啡，突然从树林里蹿出两个大汉，将我们捆了起来，还把我打昏了，等我醒来一看，卡特已经……"

福尔摩斯听完后，拍拍菲尔特的肩膀："走，一起去看看。"便跟着菲尔特来到了案发地点。卡特的尸体倒在火堆旁，两条绳子散乱地扔在卡特的脚下，旁边的帆布包被翻得乱七八糟。福尔摩斯俯下身，见卡特的血已经凝固，断定是一小时以前死亡的，凶手是用钝器击碎颅骨使他丧命的。

他的目光又回到火堆上，火烧得很旺，黑色咖啡壶在发出"嘶嘶"的声响，刚刚烧沸的咖啡从锅里溢到锅外，发出迷人的香气，滴落在还没烧

透的木炭上。

福尔摩斯默默地站了一会儿，突然掏出手枪对准菲尔特说："别演戏了，老实交代吧！"

难度等级　★★☆☆☆

聪明的县令

酒鬼范大，醉酒后常常称自己杀过人。

这天，范大又喝多了酒。喝醉后对酒友说："昨天我把一个有钱的商人推到了深沟里，得了很多钱。"酒友信以为真，就把范大告到了官府。

这时正好有一个妇人来告状，说有人把她丈夫杀死并扔到了深沟里，丈夫外出做生意赚的钱也都被人抢了。县令随妇人去验尸，尸体衣衫褴褛，没有头颅。于是县令说："你一人孤苦伶仃的怎么生活呢？一找到尸体的头颅，定案之后，你就可以再嫁了。"

第二天，与妇人同村的李三来报告说他找到了尸体的头颅。

这时，县令忽然指着妇人和李三说："你们两个就是罪犯，还敢诬陷范大？"

两人不服，待县令把证据摆出来之后，二人不得不承认勾结在一起，

谋害该妇人亲夫的事实。

请问,这个聪明的县令根据的是什么呢?

难度等级 ★★☆☆

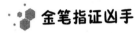
金笔指证凶手

位于贝当大街布鲁克巷 5 号的一间情人旅馆里,除了救护的工作人员、警长莫纳汉和名探哈莱金外,还有一具女尸。那是一位妙龄女郎,被水果刀捅入背部致死。"她是吕倍卡·兰恩,"警长向哈莱金介绍情况,"她上周才与'大卫'号船长西奥多·兰恩完婚。昨天西奥多刚起航前往夏威夷,他们在第三大街有一套小巧的单元房。"

"有嫌疑对象吗?""可能是查理·巴尼特。吕倍卡曾与巴尼特相好,但最后选择了西奥多。""让我独自去拜访一下巴尼特吧。"哈莱金说着,故意将一支绿色金笔扔在门口。

巴尼特独自住在他的加油站后院。哈莱金进门就问:"你知道吕倍卡被人杀了吗?""啊!不,不知道。"巴尼特气喘吁吁地说。

"嗯,不知道就好。"哈莱金说,然后他伸手到上衣袋中欲摸笔作记录:"噢,糟糕,我的金笔一定是刚

才不小心掉在吕倍卡的房间了。我得马上去办另一件案子,顺便告诉警方你与此案无关。你不会拒绝去帮我找回金笔,送到警察局吧?"巴尼特看上去似乎很犹豫,但他终于耸耸肩膀说:"好吧。"当巴尼特将金笔送到警察局时,他立即就被逮捕了。

为什么?

难度等级 ★★☆☆

占卜师之死

因电视节目而名声大噪的蒙面占卜师,在某一天夜里,不知为何人所害。死因系有人在占卜师喝的咖啡里下了毒。该占卜师的私人生活无人知晓,他长得什么样子、过去是干什么的均是个谜,就连他死时脸上也仍戴着面具。经过调查,嫌疑犯有以下 3 人:

A:与占卜师同居的情妇——洋子;

B:占卜师的弟弟——隆一;

C:来请占卜师占卜的客人——山村。

据查,情妇洋子得知占卜师在外拈花惹草,每晚吵闹不休,有充分的作案动机。占卜师之弟隆一为其兄向

他借了一大笔钱不还而怀恨在心。事实上，杀人现场的金柜也被洗劫过，所以此人也有重大嫌疑。另外，在占卜师被杀当日来访过的山村也有作案嫌疑。

以上3人在占卜师死亡推定时间内都无不在场证明。

那么，罪犯是哪一个呢？

难度等级　★★★☆☆

名字辨凶

一名青年死在了一栋26层高的大楼旁边，警方断定死者是从这栋楼的楼顶上坠楼而死。警方发现在这名死者的手心里用笔写着一个"森"字，像是在暗示着杀人凶手的名字，却因时间有限而只写了一个字。笔就落在他手边的地上，而且只有他的指纹。看来确是坠楼的同时掏出笔写在手心上的。

警方根据看电梯的人员的举报，找到了案发当时也在楼顶上的5名疑犯。他们都与死者认识，但是他们谁都不承认自己是凶手。他们分别叫张宇、刘森、赵方、张森、杨一舟。这时警方想起了死者手心上的那个字，认定了杀人凶手。

你知道那个杀人凶手是谁吗，为

什么是他呢？

难度等级　★★★☆☆

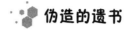 伪造的遗书

有位老人十分喜欢小鸟，所以他在树林深处建了一幢别墅，并在别墅里挂了许多鸟笼，里面养着各种各样的鸟。

一天，他的一位多年未见的朋友前来拜访他时，发现他死在家中，便立即报了警。刑警来到现场，发现一张字迹潦草的遗书，说他是服用了大量的安眠药而自杀的。但是，当刑警环顾四周时发现，室内有很多鸟笼，笼内的小鸟还在欢快地啼叫着。他的朋友向刑警介绍说，死者三年前当了爱鸟协会会长。

听了这话，刑警果断地下了结论："如果是那样的话，则是他杀，遗书是伪造的。"

警察是根据什么说出这番话的？

难度等级　★★☆☆☆

诬陷哑人案

有个姓王的百姓，打死了人，却诬陷高某。由于有众人的证词，就成了定案，县官就治了高某的罪。后

来，太守复审时，高某只是点头，一句话也不说。小吏问："你是认罪伏法了吗？"太守看到他脸上露出痛楚的表情，好像在磕头而不是点头，而且他上身直挺挺地跪着，并不像其他人那样伏在地上，觉得十分可疑。仔细一查看，果然其中有诈。

你知道太守最后查出了什么吗？

难度等级　★★☆☆

白纸遗嘱

作曲家简和音乐家库尔是一对盲友。简病危时曾请库尔来做公证人，立下一份遗嘱把简一生积蓄里的一半财产捐给残疾人福利机构。随即让他的妻子拿来笔和纸，以及个人签章。他在床头摸索着写好遗嘱，装进信封里，并亲手密封好，郑重地交给库尔。库尔接过遗嘱，立即专程送到银行保险箱里保存起来。

一星期后，简死于癌症。在简的葬礼上，库尔拿出这份遗嘱交到残疾人福利机构的代表手中。但当代表从信封中拿出遗嘱时，发现里面竟然是一张白纸。

库尔根本无法相信，简亲手密封、自己亲手接过并且由银行保管的遗嘱会变成一张白纸！这时来参加葬礼的尼克探长却坚持认定遗嘱有效。众人都疑惑不解地看着尼克探长，期待着他的解释。

你认为探长会怎么解释？

难度等级　★★☆☆

小偷老手

李先生一家从苏杭旅游回来，发现家中被人搜掠一空，抽屉全被打开了。李先生一边查看抽屉一边想，这个小偷一定是个老手。

你知道李先生为什么认定小偷是个老手吗？

难度等级　★★☆☆

追踪逃犯

一个秋天的晚上，一名囚犯越狱潜逃，翻墙跳到外面的空地上，朝牧场方向逃跑了。雨后泥泞的空地上清晰地留下了逃犯的脚印。于是，警察选了一条优秀的警犬嗅了墙外空地上囚犯的足迹的气味后，马上径直追向牧场。可是，不知为什么，警犬中途突然停了下来，左转转，右转转，不再前进。然而，越狱逃犯并没有骑牧场的牛，也没有换掉脚上的鞋子。

你知道罪犯是用什么办法摆脱了

思维游戏总动员丛书

警犬的追踪吗?

难度等级　★★☆☆☆

智认偷鸡贼

古时候,有一个人到县衙控告别人偷了他的鸡,县令便把他的左邻右舍传来审讯。邻人都低着头跪在案桌前,但谁也不承认自己偷了鸡。县令胡乱问了几个问题后,说:"你们暂且先回去。"

正在众人纷纷站起来要走时,县令突然拍案大喝了一句,偷鸡的人不由自主地颤抖着双腿,屈膝跪在地上。

你知道县令大喝了句什么吗?

难度等级　★★☆☆☆

一辆翻车

西斯是一名特工。一天,他得到一个消息:敌国的情报官将于凌晨2点驾车经过3号盘山路,而且手里有一份绝密文件。西斯决定设计劫走情报。

西斯坐在一辆卡车里,关闭了车灯,躲在路边等候情报官的到来。看看表,已经2点了。这时候,远处传来了汽车声,接着灯光越来越近,终于看清了,就是这辆车!

他立即发动卡车,打算去拦截,谁知对方的车居然自己停了下来,情报官也下了车,叫骂:"见鬼,忘了加油了!"真是难得的机会啊!西斯马上开车冲了过去,在情报官面前停下车,掏枪就把情报官打死了。然后拿出他要的情报,把没用的文件和情报官的尸体塞进汽车,又拿出准备好的汽油瓶扔进驾驶室。最后,他把汽车推下山崖。随着"轰"的爆炸声,西斯的脸上也显出了几分得意。

第二天早上,电视新闻播报说:"今天凌晨,3号盘山路发生车祸。一辆汽车翻下山崖起火爆炸,驾驶员被烧焦。但是,经过警方的调查,认为这是一起有预谋的谋杀……"听到这里,西斯很是吃惊,他不明白,这可是经过了精心设计的。

警方是怎么发现破绽的呢?

难度等级　★★★☆☆

谁害了富翁

一个富翁在寓所遇害,4个嫌疑人受到警方传讯。警方有充足的证据证明,在富翁死亡当天,这4个人都单独去过一次富翁的寓所。

在传讯前,这4个人共同商定,

每人向警方做的供词条条都是谎言。这几个人所做的供词是：

约翰：我们4个人谁也没有杀害富翁。我离开富翁寓所的时候，他还活着。

罗伯特：我是第二个去富翁寓所的。我到达他寓所的时候，他已经死了。

丹尼：我是第三个去富翁寓所的。我离开他寓所的时候，他还活着。

默里森：凶手不是在我去富翁寓所之后离开的。我到达富翁寓所的时候，他已经死了。

你知道这4个人中谁杀害了富翁吗？

难度等级　★★★☆☆

被识破的伎俩

夏日的一个夜晚，威尔森死在了他的书房里，右手握着手枪，一颗子弹击中头部。桌上摆着一台电扇和一封遗书。遗书上说，他因丧偶后难耐的孤独而自杀，要赶去天堂会妻子。

警官克鲁斯在现场看到，电风扇的插头已经从墙壁上的插座上拔出。"是威尔森从椅子上翻倒时碰脱的？"克鲁斯心里产生了一个假设。为慎重起见，他将插头插入，电风扇的开关开着，所以又转动了起来。克鲁斯警官心里有谱了："这不是自杀，是他杀！凶手在射杀威尔森后，将假遗书放到桌上，然后逃离了现场。"

警官为何如此判断？

难度等级　★★★☆☆

狮子的微笑

马戏团的狮子已经和女驯兽师合作过无数次，每次女驯兽师在演出时把头伸进它的嘴，它都很配合，从不弄伤女驯兽师。而在这一天，当女驯兽师把头伸入狮子嘴里时，狮子做出了一个仿佛是微笑的表情，随后便一口咬碎了她的头。

在表演前，狮子吃过许多肉，所以不可能是因为饥饿。这只狮子也不可能是在发情期内，因为马戏团是不会让处于发情期内的猛兽上台表演的。

那么，狮子在咬死女驯兽师前的微笑表情，又是怎么回事呢？

难度等级　★★☆☆☆

花店老板之死

渡边警官英俊潇洒，仪表堂堂。

一天，他向一家花店走去。他要买一束鲜花送给他的女朋友，因为今天是他女朋友的生日。

他走到花店附近的时候已经很晚了，有几家店铺已经关门了。他继续往前走，忽然听到前方传来了一声枪响，跑过去一看，他看到在花店门口的花店老板后背中了一枪，倒在地上。渡边向四周看了看，看到马路对面有两个人，就大声喊："你们都举起手，慢慢走过来，我是警察！"

他们两个走了过来。其中一个年轻人说："我是一个司机，刚刚下班要回家。我听到枪声回头一看，看到那个老板慢慢倒下了，其他的我就不知道了。"另外的是一个中年男子，他说："我每天下班都要经过这里。刚才经过这里，随意瞥了一眼，看到老板正在锁门，忽然枪响了……"

渡边警官打断他说："别说了，我看你就是犯人！"他掏出手铐，把中年男子带了回去。

你知道渡边警官根据什么断定，是中年男子开的枪吗？

难度等级　★★☆☆

雨夜报案

一个风雨交加的夜晚，大地笼罩在漆黑的夜幕中。路上只有几盏昏暗的灯亮着。

忽然，警局的值班电话响了起来。对方是一个男子，他用颤抖的声音说："警局吗？不、不好了，我、我在八目町的河边，发、发现了一具尸体……"值班的高木警官立即带着两个警员一起赶往现场。

在车灯的映照下，远远地可以看见一个人站在河边。高木他们提着手电筒来到小河边。这时候他们看清了那个报案的人。他全身上下都湿透了，脸色苍白，很紧张，高木拍拍他的肩膀让他放松一下，然后开始检查尸体。过了一会，报案的人说："刚刚我在河边走，突然脚下一滑就掉进了河里。幸亏我会游泳，我游到对岸的时候发现被什么东西绊了一下。我就掏出火柴划着了一看，原来是一具男尸。他浑身都是血，我害怕极了，就报案了。"

听到这，高木警官厉声说："不用说了，你就是凶手！把他铐上，带回警局！"

为什么高木警官会认为报案人就是凶手呢？

难度等级　★★☆☆

敲错了门

夏威夷是个度假胜地，每年都有很多人到这里来度假。麦克探长今年也来这里度假，他住在海边一家四层楼的酒店里，这家酒店的 3 层和 4 层全是单间，他住在 402 号。

这天，麦克玩了一天，有些累了，回到房间想洗个澡，早点休息。正当他走进浴室准备放水时，忽然传来了两声敲门声。麦克以为是敲别人的房门，就没有理会。不一会儿，一个小伙子推开房门走了进来，原来麦克忘记了锁门。

小伙子看到麦克后有点慌张，但很快反应过来，礼貌地说："对不起，我走错房间了，我住在 302。"说着就掏出钥匙让麦克看，以证明他没说谎。麦克笑着说："没什么，这是常有的事。"

小伙子走后，麦克立即通知酒店保安："立即搜查 302 房间的客人，他可能正在 4 楼作案。"保安迅速赶到现场，抓住了那个正在行窃的小伙子，并搜出了大量赃物。

保安人员很不理解，问："探长先生，您怎么知道他是一个窃贼呢？"麦克笑着说："我洗完澡后再告诉你。"

那么，你知道这是怎么回事吗？

难度等级　★★☆☆☆

失窃的公文包

威廉是全球巨轮"伊丽莎白"号的主人。这天，他邀请业界的好友齐聚"伊丽莎白"远航日本。正当他们玩得高兴时，威廉的一位好友大叫，称他那装有机密文件的公文包丢失了。

威廉立刻把船上的 5 名船员叫过来一一询问。船长说，刚才他在驾驶舱里一直没走开过，有录像带可以作证；技师说他一直在机械舱保养发动机，好让发动机能一直保持一定的速度，可是没人可以证明；电力工程师告诉威廉，他刚才在顶层甲板更换日本国旗，挂上去以后发现挂倒了，于是重新挂了一次，有国旗可以作证；还有两名船员说他们在休息舱里打牌，互相可以作证。

威廉听完，立刻指出了其中一个人在说谎，并且让他交出公文包。

聪明的读者，你知道谁在说谎吗？

难度等级　★★☆☆☆

新干线上的抢劫案

在从神户开往横滨的新干线列车上，价值 5000 万日元的旧纸币被洗劫一空。案发时间是凌晨 2 点左右。负责押运纸币的安全队长安田头部受伤。经验丰富的日暮警官奉命调查此案，在案发的第 3 节车厢的 5 号包厢里只发现了 2 根吸了一半的香烟。

日暮问案发时候的情况，安田说："我从上车开始就没有离开过这个包厢半步。凌晨 2 点左右，忽然有两个人闯了进来。他们一高一矮，都蒙着面，只是露出眼睛。没有等我反应过来，他们就把我打倒在地，用枪指着我的头，然后就用什么东西把我打昏了。我醒来的时候发现钱不见了，就报了案。"

日暮警官问："地上的烟头是你丢的吗？"

安田回答说："不是，是他们两个丢的。"

日暮警官说："既然是这样，那么我就知道谁是犯人了。"说完就让手下把安田抓了起来。

那么，你知道日暮警官为什么要抓安田吗？

难度等级 ★★★☆☆

阳台上的凶杀案

新一届奥运会就要举办了，每个运动员都在抓紧练习，住在体育公寓的运动员也不例外。萨马是国家体操运动员，曾经两次获得世界冠军，所以这次的奥运会，大家都对他期望很大。

周日，萨马很早就起床了。他住在公寓的 5 楼，有一个很大的阳台，阳台一角放着运动器械。他来到阳台上，压压腿，做些倒立。对面阳台上，有个小朋友看得直叫好，可是就在这时，只听见"砰"的一声，萨马就倒在阳台上不动了。

马里探长闻讯赶来。他检查了尸体，发现子弹是从背后射入的。有一颗弹头嵌在阳台的地板上，和死者的伤口完全吻合。探长捡起弹头，仔细辨认了一下，发现这是专门用于射击比赛的子弹。

经过进一步调查，得知这栋楼的 2 楼住着一个射击运动员叫山姆，就对他进行了调查。山姆生气地说："你们这是在怀疑我？看看，子弹是从他后背进去，下腹出来的。显然凶手是从上面向下射击，可是我是住在 2 楼，怎么可能呢？"经过对山姆周围邻居的调查，证实早上山姆确实没有出门，那么凶手会是谁呢？

马里探长想了想，心中有了答案。那么，你知道凶手是谁吗？

难度等级　★★★☆☆

女教师之死

贝蒂是一名女教师，为人谦善，深受学生和同事的喜爱，经常被评为"优秀教师"。她还有一个大她3岁的姐姐莫妮卡，可是相比之下，大家都更喜欢贝蒂。

一天早上，已经过了上课的时间，可是贝蒂还没有来。老师和学生都觉得奇怪，就给贝蒂家里打电话，可一直没有人接听，于是就到她家里去看，可是无论怎么按门铃，就是没有人应答，最后只好找来了经验丰富的探长洛克。洛克问清楚了情况后，凑近房门，看了看门上的"猫眼"，那是一个探视孔，房间里的人可以通过它看到外面的情况，而外面的人却看不到里面。

最后，洛克叫大楼保安把房门打开，发现贝蒂穿着睡衣倒在地上，已经死了。检查后得知死亡时间大概为前一天晚上8点。洛克又看了大楼的监控录像，知道了昨天晚上有2个人

来找过贝蒂。一个是她的姐姐莫妮卡，另外一个是她的同事萨拉。可是两个人都说她们按门铃的时候没有人开门，以为贝蒂不在就走了。

洛克探长沉思了一会，突然说道："我知道谁是凶手了，就是她的姐姐——莫妮卡！"

经过审问，凶手果然是莫妮卡。

那么，探长是怎么知道的呢？

难度等级　★★★☆☆

奇怪的手枪

一天，有5个手持左轮手枪的匪徒从岛根的一家银行向西逃窜。银行的警卫队长田中闻讯，立即驱车追赶。保安部的高桥见状也带领几个警卫驾车追赶。

追着追着，一阵激烈的枪声将他们带到了一条小山沟。等赶到时，只见5个匪徒都倒在地上死了，而田中的左臂也受了伤。高桥赶忙从地上捡起被抢的箱子，扶着田中一起回来。当晚，大家为田中举行庆功会，并让他讲讲事情的经过。

田中带着几分醉意走上台，说："我追上的时候，他们正准备分赃。忽然一个放风的匪徒发现了我，向我开了2枪，打中了我的左臂。我看准

机会冲过去，抢了他的枪，一枪把他打死，然后躲在石头后面，又连开4枪把其余的匪徒都打死了，这时救援的人就到了。"

话音未落，只听高桥说："别演戏了，你和那些匪徒是一伙的！"

经过审问，田中和那5个匪徒果然是一伙的。

那么，高桥先生是怎么知道的呢？

难度等级 ★★☆☆

烟头作证

米勒先生原来是一名美术教师，后来终于成名了，成为了一位著名的画家。这么多年来，米勒只要一有空，就叼根香烟埋头作画。他觉得如果作画时不吸烟就没有什么灵感，尽管吸烟经常让他咳嗽。

一个周日的上午，米勒先生接到一个电话，对方说："您好，我是保险公司的业务员，想占用您一点儿时间……"虽然不太愿意，不过也没有推辞，米勒先生就和那个业务员约定了下午2点在米勒家中见面。

米勒先生刚刚放下电话，电话又响了起来。米勒一接，是他的一个老朋友，就和对方约在了下午见面，

一起喝茶聊天。

然而，就在这天下午，米勒先生却被发现死在了家中。亨利探长到了一看，发现屋中的烟灰缸里有几个烟头，门口也有一支吸了一半的烟。另外，他还了解到这天下午来过两个人，一个是保险公司的业务员，另一个就是米勒的朋友。亨利想了想，就知道谁是凶手了。

那么，你能猜到谁是凶手吗？

难度等级 ★★☆☆

奇怪的救护车

依波尔探长来到警局，准备查找一份资料，忽然接到报警电话——中央街银行闯进来四个蒙面匪徒，抢走了近百万的现金，然后开车逃走了。依波尔探长立即和其他警察一起以最快的速度向出事的中央街银行赶去。

一路上，车辆和行人听到警笛声都纷纷让路。快到银行的时候，忽然前面不远处传来了一阵急促的救护车声。探长看到救护车停在路中央，旁边围着很多人。他下车一打听，原来刚才有个男子不遵守交通规则，在穿过马路的时候被卡车撞伤了。刚好这辆救护车路过，人们就把它拦下来，打算让他们把这个伤者送到医院去。

可是这个救护车上的一个医生却说他们要去救另外一个病人，不肯救这个男子。所以大家就和这个医生吵了起来。

依波尔探长马上对医生说："你们还是赶快把这个病人送去医院吧，时间长了就没命了！"医生没有办法，就招招手，车上又下来个医生，一起把伤者抱上担架，抬进了救护车，关上车门然后就开走了。

警车继续行驶，探长还在担心着刚才的那个伤员——那两个医生把他的头朝外抬上救护车，那伤员的头上还在流血，能否救活呢？忽然，探长一拍脑门，说道："不好，马上掉头！追上那辆救护车！"

依波尔探长为什么要突然去追赶救护车呢？

难度等级　★★★☆☆

深夜的恐吓信

八目町的一栋大楼在凌晨1点突然起火。浓烟是从1012房间冒出来的，消防员从房间里救出了中村，可是他的老师荒木却被烧死了。

经过法医鉴定，荒木是中毒身亡的，时间大概是12点。这就说明有人先杀害了荒木先生，然后又纵火制

造假现场。警方经过调查得知，荒木因为和妻子洋子闹离婚，半个月前搬到了中村的家暂住。可是，他们夫妻二人因为财产问题一直没有达成协议。清里警官觉得这个洋子很可疑，就带人来到了洋子的住所。

此时已经是凌晨3点了，画家洋子还在进行创作。清里说明来意，洋子说："我就知道你们会怀疑我。不过我也是受害者，我也收到了一封恐吓信。"说着就从抽屉里拿出了一封从邮局寄来的信，只见上面写着："我知道你是杀害荒木后又纵火的凶手，如果不想我报案，就于明天中午在市役所附近的地铁站出口见面，记得带上300万日元。还有，如果报警，你就死定了！"

清里看完后问道："起火时你在哪里？"

洋子回答说："我一直在这里绘画。"

清里厉声说道："不，你就是那个凶手！"说着就让手下将洋子带回警局。那么，清里警官是根据什么来判断洋子就是杀人凶手的呢？

难度等级　★★★☆☆

大脚男人

陈先生因为女友莉莉骗了他的钱

财，决心报复并杀害她。一个初春的周末，他将莉莉杀害后，为了混淆脚印，特意穿着莉莉的小高跟鞋逃离了现场。

陈先生身材十分高大，更以大脚著称，他要穿46号的鞋。莉莉则恰恰相反，她个子矮小，只能穿35号的小高跟鞋，所以陈先生的大脚，绝不可能塞得进那双细小的高跟鞋。

你知道他是怎样穿着莉莉的鞋逃走的吗？

难度等级　★★☆☆☆

借庙断案

乾隆五十九年，在建德县有一个童养媳，丈夫出去做买卖后，婆婆对她很不好，尤其是小姑，经常仗着母亲的袒护欺侮她。一天，姑嫂之间发生口角，小姑就把毒药放到粥里想毒死嫂嫂。婆婆不知道，喝了以后七窍流血而死。小姑非常狡猾，转而诬陷嫂嫂，众人相信了。县令却很怀疑，审讯时就把大堂设在庙里，把两个女子放在同一屋里，派人窃听。半夜，小姑果然招认了。

你知道县令是怎么让小姑招认的吗？

难度等级　★★★☆☆

珍珠项链的启示

警察甲与乙在讨论刚刚接手的谋杀案：一个寡妇死在了梳妆台前，头部被击中，几乎没有线索。

"你注意了吗？死者的手里抓着一串珍珠项链。"

"人是死在梳妆台前的，她是在打扮时候被害的，当然拿着项链了。"

"不，死者脖子上有项链，她不会再戴一条啊！"

"可能凶手也是个女人，死者在同凶手搏斗中揪下了凶手的项链。"

"不对，项链很完好，不像是打斗时揪下来的。我觉得这可能是死者在向我们暗示什么，一定是与凶手有关。"

"凶手？刚刚邻居说这个女人信佛讲道，接触的除了和尚就是算命的道士，谁能戴项链啊？"

"谁戴项链？……我好像明白了。"

那么，读者朋友，你猜到凶手是什么人了吗？

难度等级　★★★☆☆

到底中了几枪

一天夜晚，住在某个旅馆里的一

位空姐被人枪杀。

凶手是从 30 米外的对面的屋顶用无声手枪射中她的。窗户是关着的，窗子上有一个弹洞。从这一迹象来看，凶手只开了一枪。但奇怪的是，被害者的胸部和腿部都中弹了——大腿被子弹射穿，胸部也留有子弹。这样看来，凶手好像开了两枪。如果凶手开了两枪，那么另外一颗子弹是从哪里射入被害人的房间呢？这颗子弹又在哪里呢？

大家无法回答，于是去请教大胡子探长。大胡子探长肯定地回答说："只中了一枪。"

那么，大胡子探长根据什么这么说呢？

难度等级　★★★☆☆

十三朵玫瑰

海克特租用的房间只有一扇窗和一扇门，而且都从里面锁上了。警察小心翼翼地弄开门，进入房间，只见海克特倒在床上，中弹死了。

警官打电话给海尔丁探长，向他报告了情况："今天早上，第 103 街地铁站那儿卖花的小贩打电话报警，说海克特在每个星期五的晚上都要到他那里买 13 朵粉红色的玫瑰，已经

有 10 个年头了，从未间断过，可这两个星期他都没去。那个小贩有点担心会出事，就给我们打了电话。初步看来，海克特像是先锁上了门和窗，然后坐在床上向自己开了枪。他是向自己的右侧倒下去的，手枪掉到了地毯上。开门的钥匙在他的背心的口袋里。"

"他买的那些玫瑰怎么样了？"探长问道。

"它们都装在一个花瓶里，花瓶放在狭窄的窗台上，花都枯萎凋谢了。另外，据我们分析，海克特死了至少已有 8 天了。"

"整个地板都铺了地毯吗？"

"是的，一直铺到了离墙脚一英寸的地方。"警官回答。

"在地板、窗台或者地毯上有没有发现血迹？"

"只有一点灰尘，没有别的东西。只有床上有血迹。"

"如此说来，你最好派人检查一下地毯上的血迹。"海尔丁说道，"有人配了一把海克特的房间的钥匙，他开门进去，打死了正站在窗边的海克特，然后，凶手打扫清洗了所有的血迹，再把尸体挪到床上，使其看上去像是自杀。"

海尔丁为什么如此推断呢？

难度等级　★★★☆☆

遮挡不了的谎言

乔同恩格政府秘密文件被盗，这些文件与政府几十年来的财务有很大的关系。对此，政府表示，将调用一切财力和人力去追查。杰吉逊是参与这次案件的头号人物。一天，他来到嫌疑犯的住所，看到用纸拉门隔开的3个房间里，每个房间的中央都吊有一个电灯泡。中间房间的居住者被怀疑是此事件的嫌疑犯，而那天晚上10点钟敲响的瞬间，他是否独自一人在家，成了揭开事件谜底的关键。A说那时自己一个人在家。两边的邻居也都证明说："正好10点的时候看到纸门上有一个人的身影。"听了这些话，杰吉逊严厉地看着A说："你果然是在撒谎。"

请问，杰吉逊是怎么得出这个结论的？

难度等级　★★★☆☆

想象任你行

有一个人死在沙漠中，而且是头朝下死的，身边散落着几个行李箱，而这个人手里却紧紧地抓着半根火柴。

你能推断出这个人是怎么死的吗？

难度等级　★★☆☆☆

嫌疑的迹象

鲁布市发生了一起谋杀案，警察到达现场时，在浴缸旁发现几滴凶手的血。经化验，这个犯罪分子的血型是AB型。

侦察的结果，查出一名叫吉卡的中年老板有犯罪嫌疑。但警方前往拘捕时，却晚了一步，吉卡出国了，因而无法查出他的血型是什么。

于是警方转而调查吉卡父母的血型，他父亲的血型是O型，母亲的血型为AB型。此时，警方便排除了吉卡的嫌疑。

你知道为什么吗？

难度等级　★★★☆☆

答案

谁在说谎

是大儿子。因为瓜农是在8天后才去田里的，这时的西瓜不过碗口大小，就说明在8天前西瓜肯定没有这么大。

额头上的"王"字

假设三位学者为A、B、C，假定

学者 A 突然停止笑，便可如此推断：他们三人每个人都认为自己的脸是干净的。学者 B 认为自己脸是干净的，笑被写上了"王"字的学者 C。但是，如果学者 B 看见我（学者 A）的脸是干净的，他对学者 C 对我（学者 A）的笑就会觉得奇怪。因为在这种情况下学者 C 没有笑的理由，可见学者 C 笑的是我（学者 A）。因而我（学者 A）可以断定自己的脸也是脏的，被写上了"王"字。

谁是小偷

D 和 E 是小偷。

情报电话

福特在打电话时做了点手脚。在通话时，他一讲到无关紧要的话，就用手掌心捂紧话筒，不让对方听到。而讲到关键的话时，就松开手。

这样，家人就收到了这么一段"间歇式"的情报电话："我是福特……现在……金冠大酒店……和坏人……在一起……请您……快……赶来……"

凶器是什么

凶器就是死者的丝袜。把长长的丝袜装满沙子，就变成了一个能致人于死地的凶器。

投毒命案

罪犯在案发的前一天晚上溜进董事长的院子，把氰化钾气体充进自行车的车胎里。第二天早晨，当被害人要骑自行车出去晨练时，发现自行车的车胎气太足了。于是他就拧开气门芯放气，剧毒气体就冒出来将他毒死了。

一个关键的指纹

这是一道测试你阅读是否足够仔细的题目，如果你粗心大意的话，可就犯下和汤姆一样的错误了。欧文斯是按门铃进来的，所以门铃按钮上还留有一个指纹。而警察敲门进来的原因，就是不破坏这最后一个没有被清除掉的指纹。

谁杀了双面间谍

法国间谍。死者是罗马人，在死的时候自然地用自己的母语书写杀死他的间谍的代号。罗马的 12 写作 XII，他写完 X 后就死了。

雪地上的脚印

警察根据他往返时的脚印深浅的不同判断出来的。背着尸体时候的脚印要比回来时的脚印深。

离奇命案

凶手是风。是海边的大风吹起了

太阳伞，太阳伞落下时，坚硬的伞柄像匕首一样插入了富翁的身体。

别墅惨案

凶手是送牛奶的人。因为只有知道朱丽叶被害，他才会不再到这里送牛奶。送报纸的人显然不知道这一点，所以每天仍准时把报纸送来。

巧识凶手

马西教授送一张字条给牛顿，叫他明天到 102 号房来，说明教授在牛顿来之前是不会换房间的。还有，教授是被勒死的，教授有大胡子，凶手是不可能把助手和教授给弄混的。而且 103 号的房门被弄坏了，助手在一个自己将要被杀的时间，是不可能安心睡觉的，所以不可能不会听到动静，而且也不会等到牛顿来了才醒。综上所述，助手就是凶手。

嫌疑人的短文

盗贼是 B。因为警官根本没有说过乐器店丢失了什么东西，而 B 则很清楚地写到了他不会去撬三个钱箱，而他是怎么知道乐器店里有三个钱箱的呢？

杀人浴缸

思维定势是侦探最大的敌人。在海水中溺死是一条重要的线索，同时它也在暗示警察案发地点是在海边。而特里拥有不可能作案的时间证据。

实际上，如果仔细思索一下，被海水溺死并不一定就发生在海边。如果有足够多的海水的话，在浴缸里同样也能作案，然后放掉海水，装满淡水。这只需要 10 分钟就足够了。

沸腾的咖啡

福尔摩斯说："如果这咖啡是 1 小时前暴徒来时就煮好了，那么现在早就干了，不可能溢出来。一定是你先杀了卡特，然后才开始煮咖啡。"

聪明的县令

尸体在深沟里，她怎么能确信是自己的丈夫呢？必定是先知道丈夫死在这儿了。而且衣服破烂，怎么能有那么多的钱呢？头颅在哪儿，李三为何如此熟悉，又这么着急地来报告呢？必定是想与妇人早日成亲。

金笔指证凶手

虽然巴尼特声称他不知道吕倍卡·兰恩被谋杀之事，但他却知道杀人现场。如果他是无辜的，他就应该到第三大街吕倍卡的新居寻找金笔。

占卜师之死

罪犯是山村。嫌疑犯中知道占卜师长相的是其情妇洋子及弟弟隆一。

也就是说，对于这两个人，占卜师没有必要蒙着脸，而实际上占卜师是蒙着面与来人喝咖啡时被毒死的。这就是说，占卜师接待的是不好让对方看到自己脸的人。如此说来，凶手只能是来求卜的山村。

名字辨凶

凶手是张森。从推理的角度来看，先把五个人的名字都看一遍：张宇、刘森、赵方、张森、杨一舟，你会发现，如果凶手是赵方和杨一舟，那么被害人只写他们名字中的一个字就可以代表凶手了。因为没有其他人名中有相同的字，比如赵方的"方"或杨一舟的"舟"字，而"张宇、刘森、张森"这三个人的名字中有相同的字，如果凶手是张宇，被害人只写"宇"就可以了，所以不是他。同样，如果是刘森的话，只写个"刘"就可以了，所以凶手就是张森。

伪造的遗书

刑警看到小鸟还在笼子里便断定是他杀的，因为既然死者是爱鸟协会的会长，在自杀之前应该会将小鸟放飞，给它们自由。爱鸟的人对小鸟的爱要超出常人一倍，而把它们关在笼子里自杀是不可想象的。

诬陷哑人案

真正的罪犯王某事先用一根木棒绑在高某的腰际，以致他身体的膝盖以上部分不能弯曲。因为高某是哑巴，只能磕头示冤，而这样磕头申冤，就好像是在点头认罪。众人都受了罪犯的贿赂而不敢说出真相。

白纸遗嘱

其实，简的妻子为了保住遗产，故意把没有墨水的钢笔递给简。由于库尔和简都是盲人，自然也就没有发现，没有字的白纸最终被当成遗书保存下来。

可是，虽然没有字迹，但钢笔划过白纸留下的笔迹仍然存在，如果仔细鉴定是可以分辨出来的，所以遗嘱仍然有效。

小偷老手

因为抽屉全被打开了，小偷肯定是由下向上逐一拉开的。如果按照由上向下的顺序拉开，上面的抽屉必定会妨碍搜掠下面的抽屉，因而必须把上面的抽屉先关上。所以小偷一定是老手，才懂得由下往上开抽屉。

追踪逃犯

越狱犯逃进牧场时，地面上有很多牛粪，他的两脚不断地踩着牛粪，牛粪的气味就掩盖了逃犯原有的脚的气味。

思维游戏总动员丛书

智认偷鸡贼

县令大喝："贼也敢起来走啊！"偷鸡贼由于做贼心虚，在出其不意的威喝下，往往会表现得很惶恐，从而露出马脚。

一辆翻车

烧毁的汽车上，油箱的指针指在0的位置，说明汽车在翻下山谷之前油箱里就没有油了，怎么可能引起爆炸呢？分明是人为制造的。

谁害了富翁

约翰是凶手。

被识破的伎俩

插上插头，电风扇开始转动，桌子上的遗书就会被风吹掉。而那封遗书在尸体被发现时仍放在桌子上。这就是说，被射杀的威尔森倒地时，碰到了电源线，插头从插座中脱落，电风扇停止转动，然后凶手才将假遗书放到桌上。毫无疑问，这是他杀。

狮子的微笑

这是一宗巧妙地利用狮子杀人的案件。狮子的微笑实际上是它想打喷嚏的表情。凶手事先暗中把一种刺激性很强的药物喷在女驯兽师的头发上，当女驯兽师在台上把头伸入狮子口中时，狮子因药物的刺激而打了个喷嚏。由于狮子的力气太大，嘴一张一合，无意间便咬碎了女驯兽师的头颅。

花店老板之死

老板脸朝门站着，别人不会知道他是开门还是锁门，只有一直盯着他的人，才会知道老板是从里面出来，是在锁门。所以中年男子就是凶手。

雨夜报案

报案人在河里游泳过后，衣服都湿透了，火柴肯定不能划着，这说明他在说谎。是他自己杀了人，还想假装报案蒙混过关。

敲错了门

小伙子是因为敲门露了馅。3、4层都是单间，任何人进入自己房间的时候都不会敲门的。

失窃的公文包

电力工程师在说谎。日本国旗是白底加太阳的图案。无所谓正反的区别，更别说出现挂倒这种事情了。所以，电力工程师根本没有重新挂国旗，他有足够的时间作案。

在大多数时候，只要根据严密的逻辑推理和正确的判断，就能顺利解决问题。需要注意的是不要遗漏任何细节。

新干线上的抢劫案

既然两个劫匪都是蒙面，他们怎么抽烟呢？显然是安田在说谎。

阳台上的凶杀案

凶手就是山姆。他是趁萨马练习倒立的时候从 2 楼阳台射击的。

女教师之死

有人敲门后，贝蒂会通过"猫眼"看是谁。如果是同事，贝蒂会换好衣服再接待，只有是自己的姐姐时才会穿着睡衣开门。

奇怪的手枪

歹徒用的是左轮手枪，左轮手枪只有 6 发子弹。田中说匪徒向他开了 2 枪，他自己又开了 5 枪，一共是 7 枪，这怎么可能呢？所以田中是在说谎。

烟头作证

是那个业务员。如果是画家的老朋友，就没有必要在门口把烟弄灭了。

奇怪的救护车

救护车在抢救伤员的时候，应该将伤员的头朝里、脚朝外。而这个救护车上的医生却弄反了。因此他们是冒充的，是想在抢劫后开着救护车逃跑。

深夜的恐吓信

案发刚刚 2 个小时，洋子不可能在深夜收到这封从邮局寄来的信。显然是她早就准备好了的。

大脚男人

陈先生是用手套着莉莉的 35 号高跟鞋倒立着离开现场的。即使是个脚很大的男人只要用手，仍然可以套进小高跟鞋。

借庙断案

县令在庙里安置了人，半夜装神弄鬼吓唬二人。小姑忽然惊叫："罢了罢了！是我投的毒，我不敢假装了。"

珍珠项链的启示

凶手是和尚。项链就是暗示和尚的念珠。

到底中了几枪

凶手开枪时，被害人正背对着窗子弯腰，子弹射穿了她的大腿后进入了她的胸部。所以表面看来是中了两枪。

十三朵玫瑰

放在窗台上花瓶中的 13 朵玫瑰，在房间里搁了两个星期后早已枯萎凋谢，窗台、地板和地毯上应该找得到落下的花瓣，不可能只有一点灰尘而没有别的东西。所以海尔丁认为这些花瓣是凶手清除血迹时一同弄掉了。

遮挡不了的谎言

在只有一个灯泡的房间里，不可能在房间的两面纸门上都照有人影，所以中间的房间应该有两个人。

想象任你行

此题无标准答案，任你去想象，例如：几个人乘热气球旅行，路过沙漠，气球漏气，很危险。大家把行李全都扔下去了还不行，只好扔下去一个人。大家决定拿几根火柴来决定，谁抽到半根就把谁丢下去。事情就是这样。

嫌疑的迹象

当父亲为 O 型血，母亲为 AB 型血时，吉卡的血型只能为 A 型或 B 型。所以，他不是凶手，凶手另有其人。

逻辑谜题

思维游戏总动员丛书

　　有一首歌中这样唱道："是也不是，不是也是。"不过，在逻辑上是不存在这样的情况的，因为"是就是，不是就不是"。那么，在纷繁的条件中如何能够看出"是"或"不是"呢？这就需要运用你的逻辑思考能力了！本章内容中，我们为你准备了许多许多逻辑谜题，相信你在找到答案的同时也能逐渐提高自己的逻辑思考能力！

真的假不了

一天，安德和好朋友芙拉、比盖在学校的教室里一起做作业，很晚的时候，他们3人在走廊上捡到一张银行卡。3人都不约而同地想到办公室去交给老师。老师问他们，银行卡是谁拾到的。3个淘气的小家伙都笑着不作声，说是要考考老师。

安德说："这卡不是我拾到的，也不是芙拉。"

芙拉说："不是我，也不是比盖。"

比盖说："不是我，我也不知道是谁拾到的。"

3个人还告诉老师，他们每人说的两句话中，一句真，一句假。于是，老师很快就判断出银行卡是谁拾到的了。

你知道银行卡是谁拾到的吗？

难度等级　★★★☆☆

花花肠子吉米

下面是花花肠子吉米对漂亮小姐弗里西所说的话："去年圣诞节前一天的早上，我和海军上尉海尔丁一同赶往海军在北极的气象观测站。突然，海尔丁摔倒了，大腿骨折。10

分钟之后，我们脚下的冰层也开始松动了。我们开始向大海漂去。我意识到如不马上生个火，我们都会被冻死的，但是火柴用光了。于是，我取出一个放大镜，又撕了几张纸片，放在一个铁盒子上，用放大镜将太阳光聚焦后点燃了纸片。感谢上帝，火拯救了我们的生命。更幸运的是，24小时后我们被一艘经过的快艇救了起来。人人都说我临危不惧，采取了自救措施，是个英雄。"

弗里西小姐听后，说花花肠子吉米骗人。

你知道弗里西小姐是怎么判断的吗？

难度等级　★★★☆☆

谁在说真话

有3个孩子不是一直说真话就是一直说假话。你能分辨吗？

第一个孩子说："我在说真话。"

第二个孩子说："他说他在说真话。"

第三个孩子说："他没有说真话。"

难度等级　★★☆☆☆

谁的年龄大

玛丽和凯特是姐妹，有一天她们被别人问到谁的年龄比较大。

玛丽说："我的年龄比较大。"

凯特说："我的年龄比较小。"

她们两个不是双胞胎，而且她们之中至少有一个人在说谎。

那么请问：到底谁的年龄比较大？

难度等级　★★☆☆☆

三人的午饭

阿德里安、布福德和卡特3个人去餐厅吃饭，他们每人要的不是火腿就是猪排。我们已知下列情况：

（1）如果阿德里安要的是火腿，那么布福德要的就是猪排。

（2）阿德里安或卡特要的是火腿，但是不会两人都要火腿。

（3）布福德和卡特不会两人都要猪排。

你知道谁昨天要的是火腿，今天要的是猪排吗？

难度等级　★★☆☆☆

简单的糊涂账

有一个非常小气的人，做什么事都斤斤计较。

有一次，他去饭店吃饭，花1元钱点了1碗清汤面。面端上来了，他又要服务员给他换一碗西红柿鸡蛋面。服务员说："西红柿鸡蛋面是2元钱1碗，请您先把钱付清。"

小气鬼明知故问："我刚才不是已经付过了吗？"

服务员耐心地回答："刚才您付了1元钱，但西红柿鸡蛋面是2元钱，还差1元没有付清。"小气鬼说："我刚才明明付了1元钱，现在又把值1元钱的面还给了你，钱不是正好吗？"

服务员说："那碗面本来就是店里的呀！"

小气鬼说："对呀，我不是还给你了吗？"服务员被弄得一头雾水。

你知道这笔账该怎么算吗？

难度等级　★★☆☆☆

复杂的亲戚关系

龙霞、海森、旁歇3位男士，分别和兰花、百合、玫瑰3位女士结为

思维游戏总动员丛书

夫妻，并都各生了一个儿子，名字叫做三阳、开泰、丰年。但是我们并不清楚他们之间确定的配对关系，只知道如下几条线索：

（1）旁歇不是玫瑰的丈夫，也不是开泰的父亲。

（2）兰花不是海森的妻子，也不是三阳的母亲。

（3）如果三阳的父亲是海森或旁歇，玫瑰就是丰年的母亲。

（4）如果玫瑰是龙霞或海森的妻子，百合就不是三阳的母亲。

请问，这3位男士的妻子和儿子各是谁？

难度等级　★★★☆☆

杰克的成绩

杰克的成绩向来都是全班最差的，但在最近一次模拟考试中，他居然考了第1名。导师威尔逊非常怀疑地查问了可能与杰克作弊的3个好朋友——贾先、乔治、迈克。

以下是他们所说的话：

贾先："如果杰克作弊的话，那一定是抄袭乔治的答案。"

乔治："如果杰克作弊的话，那一定不是抄袭我的答案。"

迈克："如果杰克没有作弊的话，

那一定是他自己努力的结果。"

威尔逊听了之后想："如果3个学生中只有不到2个人说谎的话，那杰克便是自己努力的结果！"

请问，杰克考第1名的原因到底为何？

难度等级　★★★☆☆

淑女裙

娜娜最近买了一条新款淑女裙。朋友们急着想一睹风采，可娜娜却还在卖关子，只给她们一个提示："我这条裙子的颜色是红、黑、黄三种颜色其中的一种。"

"娜娜一定不会买红色的。"小晓说。

"不是黄的就是黑的。"童童说。

"那一定是黑的。"光子说。

最后，娜娜说："你们之中至少有一个人是对的，也至少有一个人是错的。"

请问，娜娜的裙子到底是什么颜色的呢？

难度等级　★★★☆☆

网球比赛

体育馆里正在进行一场精彩的室

内网球双打赛。王自强、安卫国、钟华夏、赵兴邦这4位大家熟悉的运动员正准备上场，观众相互议论。

（1）王自强比安卫国年轻。

（2）钟华夏比他的两个对手年龄都大。

（3）王自强比他的搭档年纪大。

（4）安卫国和王自强的年龄差距要比钟华夏和赵兴邦的差距更大一些。

请问，4位运动员的年龄顺序为何？谁和谁搭档？

难度等级　★　★　☆　☆

考试日期

逻辑学教授在星期一对全体学生宣布："在周日之前要进行一次考试。"

有位学生向教授建议："为了让考试具有突然性，如果同学们在当天早上知道要进行考试，当天的考试就不能进行。"教授接受了这个建议。

结果，当教授在星期三宣布考试的时候，提建议的学生声称考试应该取消，因为这周的任意一天都不可以考试。

请问，学生使用什么方法来对付教授的？如果你是教授，该如何应付

这个情况呢？

难度等级　★　★　★　☆　☆

是谁闯的祸

有甲、乙、丙、丁4个小朋友在踢足球。其中一个孩子不小心把足球踢到楼上打碎了李阿姨家的玻璃。李阿姨非常生气地走下楼来，问是谁干的。甲说是乙干的，乙说是丁干的，丙说他没干，丁说乙在撒谎。他们四个当中，有三个说了假话。

你知道是谁打碎了李阿姨家的玻璃吗？

难度等级　★　★　☆　☆　☆

谁送的礼品

有5个嗜酒如命的人，他们的绰号分别是"威士忌"、"鸡尾酒"、"茅台"、"伏特加"和"白兰地"。

某年圣诞节，他们之中的每一个人，都向其他4个人中的某个人赠送了一瓶酒；没有两个人赠送的是相同的礼品；每一件礼品，都是他们中某个人的绰号所表示的酒；没有人赠送或收到的礼品是他自己的绰号所表示的酒。

"茅台"先生送给"白兰地"先

生的是鸡尾酒；收到白兰地酒的先生把威士忌酒送给了"茅台"先生；其绰号和"鸡尾酒"先生所送的礼品名称相同的先生把自己的礼品送给了"威士忌"先生。

请问，"鸡尾酒"先生所收到的礼品是谁送的？

难度等级　★★★☆☆

汽车是谁的

凯特、丽萨和玛丽每人都拥有3辆车：一辆双门、一辆四门、一辆五门。每个人也都分别有一辆别克、一辆现代、一辆奥迪牌汽车。但是，同一品牌的汽车的门的数量却各不相同。凯特的别克汽车的门的数量与丽萨的现代汽车的门的数量一样；玛丽的别克汽车的门的数量与凯特的现代汽车的门的数量一样；凯特的奥迪汽车为双门，而丽萨的奥迪汽车则有四门。

请问：

（1）谁拥有一辆双门的别克汽车？

（2）谁拥有一辆四门的别克汽车？

（3）谁拥有一辆五门的别克汽车？

（4）谁拥有一辆五门的现代汽车？

（5）谁拥有一辆五门的奥迪汽车？

难度等级　★★★☆☆

天堂里的游戏

有个人死后来到天堂，天使领着他在天堂各处参观。他们来到高墙下，天使说："嘘——轻点。"

说完，他悄悄从旁边搬来一个长梯子。天使先爬上去，然后招手让那个人也爬上去。他们站在梯子的顶端向里面张望着。原来，这是一块被墙围起来的草地，草地的正中坐着七个少年。"他们在干什么？"那个人问。

天使说："到了天堂，他们志同道合，天天聚在一起玩智力游戏。今天，他们大概在猜帽子吧。"六个少年A、B、C、D、E、F按六边形围坐着，另一个少年G则用毛巾蒙着眼睛坐在当中。有人往每人头上戴一顶帽子，其中四顶白帽子、三顶黑帽子。由于G挡住了视线，六个少年都看不见自己正对面的人戴的是什么颜色的帽子。

现在，让A、B、C、D、E、F猜自己头上戴的帽子的颜色。智力游戏一开始，六个少年陷入沉思，一时都猜不出来。这时，坐在当中的 G 说："我猜到了，我戴的是白帽子。"

G 是如何推理的？

难度等级　★★★☆☆

爱因斯坦的问题

许多著名的科学家常常喜欢出一些有趣的题目，伟大的物理学家爱因斯坦就出过这样一道题：《土耳其商人和帽子的故事》，想考一考别人的机敏和逻辑推理能力。

题的内容是这样：有一个土耳其商人，想找一个助手协助他经商。但是，他要的这个助手必须十分聪明才行。消息传出的三天后，有甲、乙两人前来联系。

商人为了试一试甲、乙两个人中哪一个聪明一些，就把他们带进一间伸手不见五指的漆黑的房子里。商人打开电灯说："这张桌子上有五顶帽子，两顶是红色的，三顶是黑色的。现在，我把灯关掉，并把帽子摆的位置搞乱，然后，我们三人每人摸一顶帽子戴在头上。当我把灯开亮时，请你们尽快地说出自己头上戴的帽子是什么颜色的。"说完之后，他们就这样做了。

待这一切做完之后，商人把电灯重新开亮。这时候，那两个人看到商人头上戴的是一顶红色的帽子。

过了一会儿，甲喊道："我戴的是黑帽子。"甲是如何推理的？

难度等级　★★★☆☆

麻烦的任务

有一个 5 人小组，要派遣若干人去完成某项任务，但需同时符合以下条件：

（1）丁和戊至少要去一人。

（2）乙和丙只能去一人。

（3）假如戊去，甲和丁就都去。

（4）丙和丁要么两人都去，要么两人都不去。

（5）如果甲去，那么乙也去。

请问，应该让谁去完成任务呢？

难度等级　★★★☆☆

会说话的指示牌

篮球场、健身房和足球场是从教室通往宿舍的三个路过地点。一天，新生琪琪来到篮球场。看到一个指示牌，上面写着："到健身房 400 米，到足球场 700 米"。她很受鼓舞，继续往前走。但当她走到健身房时，发现这里的指示牌上写着："到篮球场200 米，到足球场 300 米"。聪明的她知道哪里肯定出了问题，因为两个指示牌有矛盾的地方。她继续朝前走，不久到达足球场。这里的路标上写着："到健身房 400 米，到篮球场700 米"。琪琪感到困惑不解，她顺便询问一个过路的老师。

老师告诉他，沿途的这三个指示牌，其中一个写的都是假话，另一个写的都是真话，剩下的那一个写的半是假话、半是真话。

你能指出哪块指示牌写的都是真话，哪块路标写的都是假话，哪块路标写的一半是真话、一半是假话吗？

难度等级　★★★☆☆

五个学生

有五名学生，他们所在的班不同。每名学生都可以选择自己喜欢的课程和体育运动。

（1）露丝在 3 班，贝蒂喜欢跑步。

（2）有个女孩喜欢打壁球，她不在 5 班。

（3）4 班的那个女孩喜欢游泳。

（4）伊丽莎白喜欢化学。

（5）喜欢跑步的那个女孩在

2 班。

（6）克拉拉喜欢历史但不喜欢打网球。

（7）喜欢化学的那个女孩同样也喜欢打篮球。

（8）艾米丽在 6 班，喜欢打壁球，但不喜欢地理。

（9）喜欢生物的那个女孩同样也喜欢跑步。

推算出每个女孩所在的班、喜欢的课程和体育运动。

难度等级　★★★☆☆

真实的判断

我的所有的孙子都不满 17 岁，我的所有的孙女都很漂亮，所有的孙子都是红发蓝眼，我最大的孙子长着红头发。法定选举年龄是 18 岁。根据以上情况可以断定下面的哪个叙述是真实的？

A. 我的最大的孙子没有参加选举。

B. 我的最大的孙子是一个漂亮的孩子。

C. 我的最小的孙子会开车。

D. 我的最小的孙子长着短发。

难度等级　★★☆☆☆

兔子的谎言

有四只兔子，年龄分别为一岁到四岁。它们中有两只说话了，无论谁说话，如果说的是关于比它大的兔子的话都是假话，说比它小的兔子的话都是真话。兔子甲说："兔子乙三岁。"兔子丙说："兔子甲不是一岁。"

你能知道这四只兔子分别是几岁吗？

难度等级　★★☆☆☆

有几个天使

一个旅行家遇到了3个美女，他不知道哪个是天使，哪个是魔鬼。天使常常说真话，魔鬼只说假话。

甲说："在乙和丙之间，至少有一个是天使。"

乙说："在丙和甲之间，至少有个是魔鬼。"

丙说："我告诉你正确的消息吧。"

你能判断出有几个天使吗？

难度等级　★★☆☆☆

生日派对

在一个生日派对上，准备了三顶蓝帽子和两顶红帽子。在前面扮演小丑的大毛、二毛、三毛排成列站着。大毛后面站着二毛，二毛后面站着三毛。他们三人头上各戴上一顶帽子，剩下的帽子被藏了起来。他们可以看到前面人的帽子的颜色，但看不到自己的。

"三毛，你的帽子是什么颜色？"

"不知道。"

"二毛呢？"

"我也不知道。"

这时候，谁的帽子都看不到的大毛却说："啊，我知道。"

请问，大毛的帽子是什么颜色？

难度等级　★★★☆☆

谁是说谎者

在逻辑岛上生活着两个民族，分别是 Truth 族和 Lie 族。Truth 族人总说真话，Lie 族人总说谎话。

一次，有旅行者路过此岛，遇到两个结伴而行的人。他问其中一个路人甲："你是 Truth 族人吗？"

旅行者没听清甲的回答，于是又

思维游戏总动员丛书

问另一个路人乙："他说什么？"

乙说："他说'我是'。不过你不要相信他，他是在说谎。"

请问，这两个人是什么族的？

难度等级 ★★★☆☆

英明的总督

有一位英明的总督，他的辖区内有一座桥通往外国。为了不让罪犯偷越国境，总督给所有过桥的人订立了一条法律，所有过桥的人必须说明自己的去向，说实话的人可以过桥，说谎的人要立刻在桥边绞死。

有个人来到桥边，守桥的士兵照例问他："你往何处去？"

那人说："我是到桥边来被绞死的。"

士兵不知该如何是好，只能请示总督。

如果你是那位总督，你该怎么办呢？

难度等级 ★★☆☆☆

约翰教授的奖章

约翰教授在 A 学院开设"思维学"课程，在每次课程结束时，他总要把一枚奖章奖给最优秀的学生。然

而，有一年，琼斯、凯瑟琳、汤姆三个学生并列成为最优秀的学生。约翰教授打算用一次测验打破这个均势。

有一天，约翰教授请这三个学生到自己的家里，对他们说："我准备在你们每个人头上戴一顶红帽子或蓝帽子。在我叫你们把眼睛睁开以前，都不许把眼睛睁开来。"约翰教授在他们的头上各戴了一顶红帽子。约翰说："现在请你们把眼睛都睁开来，假如看到有人戴的是红帽子就举手，谁第一个推断出自己所戴帽子的颜色，就给谁奖章。"三个人睁开眼睛后都举了手。一分钟后，琼斯喊道："约翰教授，我知道我戴的帽子是红色的。"

琼斯是怎样推论的？

难度等级 ★★☆☆☆

3 人的职位

一种基本的逻辑推理形式是演绎，就是从多个条件或假设中推得结论。如果这些条件都为真，则结论也为真。

这里有一个经典演绎的例子。格里、安尼塔和罗斯在一个公司分别任主席、董事长和秘书的职位，但不知谁的职位是什么。现在只知道，秘书

是独生子女，挣钱最少。而罗斯与格里的兄弟结了婚，挣的钱比董事长多。

根据这些条件，你能说出他们分别任哪个职位吗？

难度等级　★★★☆☆

野炊分工

兄弟4人去野炊，他们一个在挑水，一个在烧水，一个在洗菜，一个在淘米。现在知道：老大不挑水也不淘米；老二不洗菜也不挑水；如果老大不洗菜，那么老四就不挑水；老三既不挑水也不淘米。

你知道他们各自在做什么吗？

难度等级　★★★☆☆

黄色蝴蝶发带和绿色围巾

有4个女子，其中有1人有妖法，她经常撒谎。拉拉和另外两个人是好孩子，她们从不说谎。4个人都系绿色围巾，其中的2条围巾是有妖法的，系上这种围巾即使是好孩子也会说谎。而且，4个人又都带着黄色蝴蝶发带，其中的2条发带是有妖法的，它会使妖法围巾的妖法消失（但是，对有妖法的女子是没有效果的）。

蕾蕾说："思思系着有妖法的围巾。"

思思说："平平戴着妖法蝴蝶发带。"

平平说："拉拉系着妖法围巾。"

拉拉说："思思是有妖法的女子。"

请问哪两个人系着妖法围巾，哪两个人带着妖法发带呢？另外，哪个是有妖法的女子呢？

难度等级　★★★☆☆

魔鬼、人和天使

魔鬼说的都是假话，而人有时说假话，有时说真话。但天使总是说真话。

现在甲说："我不是天使。"乙说："我不是人。"而丙则说："我不是魔鬼。"

你能判断出他们的身份吗？

难度等级　★★★☆☆

三个牛仔

阿莫斯、巴奇和考蒂之间有深仇大恨，不得不以手枪决斗了结。三个牛仔抽签决定决斗顺序，并约定他们每人开一枪，直到只剩一个人活着。

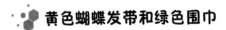

阿莫斯和巴奇都是百发百中的神枪手，但考蒂打中的概率只有50%。

从这些条件中，你能算出谁最可能活下来吗？

难度等级 ★★★☆☆

谁是牧羊人

"马车夫"先生、"管家"先生、"牧羊人"先生和"猎手"先生一起去应聘马车夫、管家、牧羊人和猎手这四份工作。结果没有一个人得到的工作和他的名字相关。

（1）"猎手"先生没有被聘为管家。

（2）"管家"先生没有当猎手。

（3）"牧羊人"先生被聘为马车夫。

（4）"马车夫"先生去当猎手了。

按照以上的结果，"管家"先生应该得到了管家的工作，但这显然不对。已知以上四条里有三条是假的。

请问最后谁当了牧羊人？

难度等级 ★★★☆☆

穿越隧道

蒸汽机里，3个人坐在打开着的窗边。火车过隧道时，煤烟灰把他们

的脸都弄脏了。他们看见对方的脸后都大笑起来，突然其中一个人停止了笑，因为他意识到自己的脸也被弄脏了。

他是怎么推理的？

难度等级 ★★☆☆☆

真话还是假话

赵某自从当选民意代表后，便疏于走访基层，以致渐渐忘了各地选民的特性以及他们的居住地。

转眼间，又快要选举了。想连任的赵某不得不再度走访基层。

这天，他又要到诚实村去。但途中无从判断哪一边才是正确方向的岔路，他只能确定路的一边是通往村民都会说实话的诚实村，另一边则是通往村民都会说谎话的谎话村。

还好，正巧有人出现在岔路口附近，只是这次有两个人。已知其中一个是诚实村的人，另一个是谎话村的人，但是无法确定哪个人是哪一村的。

请问，赵某要如何只问其中一个人一个问题，就可以知道前往诚实村的路？

难度等级 ★★☆☆☆

甲乙丙丁

住在某个旅馆的同一房间的 4 个人甲、乙、丙、丁正在听一个故事。她们当中有一个人在修指甲，一个人在写信，一个人躺在床上，另一个人在看书。

（1）甲不在修指甲，也不在看书。

（2）乙不躺在床上，也不在修指甲。

（3）如果甲不躺在床上，那么丁不在修指甲。

（4）丙既不在看书，也不在修指甲。

（5）丁不在看书，也不躺在床上。

她们各自在做什么呢？

难度等级　★★★☆☆

美人鱼的钻戒

人间来了 4 位天使。她们 4 个人的手上都戴着 1 枚以上的钻戒，4 人的钻戒总数是 10 枚。她们 4 个人说的话刚好被魔鬼听见了。其中，有 2 枚钻戒的人的话是假话，其他人的话是真话。另外，有 2 枚钻戒的人可能存在两人以上。

丽丽："艾艾和拉拉的钻戒总数为 5。"

艾艾："拉拉和米米的钻戒总数为 5。"

拉拉："米米和丽丽的钻戒总数为 5。"

米米："丽丽和艾艾的钻戒总数为 4。"

请问，她们每个人的手上各戴有多少枚钻戒？

难度等级　★★★☆☆

小魔女们的小狗

小林子、小欢子、小安子、小丹子 4 个小魔女每人都养了小狗，但数量各不相同，并且她们眼睛的颜色和她们中意的魔女服装的颜色都各不相同。小狗的数量有 1 只、2 只、3 只，4 只；眼睛颜色分别是灰色、绿色、蓝色、红色；服装颜色分别是黑色、红色、紫色、茶色。

请根据如下条件，判断她们每个人眼睛的颜色、魔女服装的颜色和饲养小狗的数量。

（1）灰色眼睛的魔女、黑色服装的魔女和小欢子 3 人共有 8 只小狗。

（2）绿色眼睛的魔女、红色服装

的魔女和小安子3人共有9只小狗。

（3）红色眼睛的魔女、茶色服装的魔女和小丹子3人共有7只小狗。

（4）紫色服装的魔女的眼睛不是灰色的。

（5）小安子的眼睛不是蓝色的。

（6）小欢子的眼睛是红色的。

难度等级　★★★☆☆

4 对亲兄弟

有一个楼里住着4户人家，每家各有两个男孩。这4对亲兄弟中，哥哥分别是甲、乙、丙、丁，弟弟分别是A、B、C、D。

一次，有个人问："你们究竟谁和谁是亲兄弟呀？"乙说："丙的弟弟是D。"丙说："丁的弟弟不是C。"甲说："乙的弟弟不是A。"丁说："他们三个人中，只有D的哥哥说了实话。"

丁的话是可信的。那人想了好半天也没有把他们区分出来，你能区分出来吗？

难度等级　★★★☆☆

鱼的主人是谁

有5栋5种不同颜色的房子；每一位房子的主人国籍都不同；这5个

人每人只喝一种饮料，只抽一种牌子的烟，只养一种宠物；没有人有相同的宠物，抽相同牌子的烟，喝相同的饮料。

现在只知道：

（1）抽混合烟的人的邻居喝矿泉水。

（2）英国人住在红房子里。

（3）住在中间房子的人喝牛奶。

（4）德国人抽PRINCE烟。

（5）丹麦人喝绿茶。

（6）绿房子在白房子的左边。

（7）养马人住在抽DUNHILL烟人的旁边。

（8）挪威人住第一间房子。

（9）绿房子主人喝咖啡。

（10）瑞典人养了条狗。

（11）抽PALLMALL烟的人养了一只鸟。

（12）黄房子的主人抽DUNHILL烟。

（13）抽混合烟的人住在养猫人的旁边。

（14）抽BLUEMASTER烟的人喝啤酒。

（15）挪威人住在蓝房子旁边。

谁养鱼？

难度等级　★★★☆☆

火中逃生

德国有一种火灾救生器，其实就是在滑轮两边用绳索吊着两个大篮子。把一个篮子放下去的时候，另一个篮子就会升上来。如果在其中的一个篮子里放一件东西作为平衡物，则另一个较重的物体就可以放在另外的篮子里往下送。假如一只篮子空着，另一只篮子里放的东西不超过30磅，则下降时可保证安全；假如两只篮子里都放着重物，则它们的重量之差也不得超过30磅。

有一天夜里，罗宾逊的家里突然发生火灾。除了重90磅的罗宾逊和重110磅的妻子之外，他还有一个重30磅的孩子，和一只重60磅的宠物狗。

现在知道每只篮子都大得足以装进三个人和一只狗，但别的东西都不能放在篮子里。而且狗和孩子如果没有罗宾逊或他的妻子的帮助，自己不会爬进或爬出篮子。

你能想出好办法，尽快使这三个人和一只狗安全地从火中逃生吗？

难度等级　★★★☆☆

汽车比赛

有五个人进行汽车竞速赛，他们没有比成平局，是先后到达的。威尔不是第一个，约翰不是第一也不是最后一个，琼在威尔后面到达，詹姆不是第二个，瓦尔特在詹姆后到达。

五个人到达的顺序是怎样的呢？

难度等级　★★☆☆☆

赛 马

有甲、乙、丙、丁4匹马赛跑，它们共进行了4次比赛。结果是甲快乙3次，乙又快丙3次，丙又快丁3次。很多人会以为，丁跑得最慢，但事实上，丁却快甲3次，这看似矛盾的结果可能发生吗？

难度等级　★★☆☆☆

神奇的旅馆

假如你是一个无穷旅馆的经理，你的旅馆有无穷多个房间。无论旅馆有多拥挤，你都能给新来的客人安排房间：只要简单地把1号房间的客人移到2号，2号房间的客人移到3号，3号房间的客人移到4号，以此类推。

思维游戏总动员丛书

把所有的客人都用此方法安置好后，你就可以把新来的客人安排在 1 号房间。

不幸的是，当你正打算放假时，来了一批开会的客人。由于会议讨论的问题很是热门，又来了无穷多个参与的人。

你已经有了无穷多个客人，那你怎么安排这批新客人呢？

难度等级　★★★☆☆

身后的彩旗

甲、乙、丙、丁四人坐在一张方桌的 4 面，每人身后放着一面彩旗，红色或黄色的。他们都能看到别人身后的彩旗，但看不到自己身后的彩旗。丁问："你们每人看到了什么颜色的旗？"甲说："我看到了三面黄色的旗。"乙说："我看到了一面红色的旗和两面黄色的旗。"丙说："我看到了三面红旗。"

这三个人的回答中，身后放黄旗的人说了假话，而身后放红旗的人说了真话。试问，谁的身后有红旗？

难度等级　★★★☆☆

编辑值班表

某报社编辑部共有四个编辑，分别负责新闻、经济、文化、体育版。他们的值班时间安排是：

新闻：周一上午，周二、周四全天。

经济：周三上午，周四下午，周五全天。

文化：周一全天，周二下午，周三上午。

体育：周一下午，周二上午，周三全天。

请问：

（1）假如经济编辑只有在其他编辑累计都至少值班了一个整天后才值班，那么他最早要在哪一天才开始值班？

（2）编辑部规定，必须要有一个编辑必须单独值班一整天，以便检查工作。那么在每个编辑都不能改变自己的值班时间安排的情况下，哪一个编辑可以承担这项工作？

难度等级　★★★☆☆

只收半价

有个人到一家新开张的布店里要

买两匹布，挑好之后问价钱，店主说："开张大喜，今天只收半价。"于是这个人说："既然是半价，那我买你两匹布，再把一匹布折合一半的价钱还给你。咱们两清了。"

这个人的说法成立吗？

难度等级　★★☆☆☆

两枚古钱币

有个人收购了两枚古钱币，后来又以每枚 60 元的价格出售了这两枚古钱币。其中的一枚赚了 20%，而另一枚赔了 20%。

与当初他收购这两枚古钱币相比，这个人是赚了、赔了，还是持平？

难度等级　★★☆☆☆

左邻右舍

有一户人家，左边邻居是一家木匠铺，右边邻居是一家铁匠铺。这两家邻居一天到晚叮叮当当，吵得这一户人家不能很好地休息。

于是有一天，这户人家主人与两位邻居商量："只要二位愿意搬家，我情愿现在就宴请二位。"这两位邻居听后欣然允诺。宴请完毕，这两位邻居说好当晚就连夜搬家。

第二天一早，这户人家又被叮叮当当的敲打声吵醒了。

这两位邻居失言了吗？

难度等级　★★☆☆☆

关于帽子的赌博

6 个人在剧院寄存处寄放了他们的帽子。但服务员把他们的顺序搞混了。如果现在有人和你打赌，说至少有一个人能拿到他自己的帽子，他就给你钱，这个赌你打吗？

难度等级　★★☆☆☆

三个人的秘密年龄

A、B、C 三人的年龄一直是一个秘密。将 A 的年龄数字的位置对调一下，就是 B 的年龄；C 的年龄的两倍是 A 与 B 两个年龄的差数；而 B 的年龄是 C 的 10 倍。

你知道 A、B、C 三人的年龄各是多少吗？

难度等级　★★☆☆☆

剩下的 1 元钱呢

3 个人去宾馆住宿，服务台的工

作人员告诉他们3个人一共要30元。

3个人各掏了10元，把钱交给服务员。这时，大厅经理走过来，说今天宾馆的房间特价，3个人只要25元就可以了，并叫服务员将多收的5元钱还给他们。

服务员想自己占有2元钱，于是就把剩下的3元还给他们。3个人每人拿回1元，也就是说，他们每个人只出了9元住宿。

可是，9×3元＋服务生的2元＝29元，剩下的1元钱跑到哪儿去了？

难度等级　★★☆☆☆

赔钱卖葱

农贸市场上，一个农民正在吆喝着卖葱："大葱一捆10斤，1元钱1斤喽！新鲜的大葱，快来买啊！"

有个人走过来，看了看大葱，说："我全都买下了。不过，我要分开来称，葱白7角1斤，葱叶3角1斤，这样葱白和葱叶加起来还是1元，你也没有吃亏，行不行？"

农民想了想，觉得买葱的人说得有道理，就答应了。他把葱切开，葱白8斤，葱叶2斤，加起来10斤，8斤葱白是5.6元，2斤葱叶6角，共计6.2元。

买葱的人走后，农民越想越不对劲，原来计划好能卖10元钱的，怎么好端端地只卖了6.2元呢？只不过是换了一种称法呀！

你想到问题出在哪里了吗？

难度等级　★★☆☆☆

乌龟和青蛙赛跑

乌龟和青蛙进行100米比赛。结果，乌龟以3米的微弱优势取胜。乌龟到达终点时，青蛙才跑了97米。

青蛙很不服气，要求再比一次。这一次乌龟从起点线后3米开始起跑。假设第二次比赛它们的速度保持不变，谁会赢得胜利？

难度等级　★★☆☆☆

国王的两个女儿

国王有两个女儿——总是说真话的阿米丽雅和总是说假话的蕾拉。其中有一个已经结婚了，另一个还没有。但国王一直没有公开这门婚事，就连是哪个女儿结婚也保密。

为了给另一个女儿也找到合适的驸马，国王举行了一场比武会，胜者可以说出他希望娶的公主的名字。如果公主是单身，那第二天他们就能成婚。国王说可以向某一个公主问一个问题，但问题不能超过五个字，而且人们也并不知道哪个公主叫什么名字。

他该问什么问题？

难度等级　★★☆☆☆

谁"差"钱

一天，艾特去早市的一家肉店买肉，却看到一群人围在里面。艾特打听后才知道，原来是一位盲人走进来想买肉，他连叫了几声却无人回答。他知道无人，便伸手在放肉板上乱摸，哪知一下摸到了 4 枚 1 元的硬币，他赶忙把硬币放进口袋里，然后就要走出肉店。碰巧卖肉的人从屋内走出来见到了，便追出来抓住盲人，要他把钱拿出来。盲人大喊道："天啊，欺负我是盲人，想抢我的钱啊！"

艾特见了后，便当场知道谁骗人了，你知道艾特是怎么做的吗？

难度等级　★★☆☆☆

扮演角色

一个名为"活出快乐"的演出团里有 3 个小丑，约翰、迪克和罗杰，他们每人总是扮演着两个角色。这 6 个角色分别是：卡车司机、作家、喇叭手、高尔夫球手、计算机技术员和理发师。请根据以下 6 条线索确定这 3 个小丑各自的工作：

卡车司机喜欢高尔夫球手的妹妹；

喇叭手和计算机技术员在与约翰骑马；

卡车司机嘲笑喇叭手脚大；

迪克从计算机技术员那里收到一盒巧克力；

高尔夫球手从作家那里买了一辆二手汽车；

罗杰吃比萨饼比迪克和高尔夫球手都要快。

难度等级　★★★☆☆

答案

真的假不了

银行卡是芙拉捡的，因为比盖说银行卡不是他拾的，也不知道是谁拾到的，由此就可以判定他的第二句话是假的，第一句话是真的。由此可以判断芙拉说的第一句话是假的，所以银行卡就是芙拉拾的。

花花肠子吉米

在圣诞节前一天，花花肠子吉米

是无法利用太阳光在北极圈内生火的。因为从当年10月到大约第二年3月期间，北极圈里是没有阳光的。

谁在说真话

第一个孩子如果说的是真话，他就是个说真话的人；如果他说了假话，他就是个说假话的人。

无论第一个孩子说的是真是假，第二个孩子说的总是真话，所以他是说真话的人。

第三个孩子说话的真假与第一个孩子有关。如果第一个孩子说的是假话，那么他说的是真话；如果第一个孩子说的是真话，那么他在说假话。

可能性分别是（从左到右）：假—真—真或者真—真—假。两种可能都有，其中总是两个人说真话，一个人说假话。

谁的年龄大

凯特。

三人的午饭

根据（1）和（2），如果阿德里安要的是火腿，那么布福德要的就是猪排，卡特要的也是猪排。这种情况与（3）矛盾。因此，阿德里安要的只能是猪排。于是，根据（2），卡特要的只能是火腿。因此，只有布福德才能昨天要火腿，今天要猪排。

简单的糊涂账

第一次的1元钱已经"变"成了面条，不能再计算进鸡蛋面的钱中。小气鬼还应该再付1元钱。

复杂的亲戚关系

父亲	龙霞	海森	旁歇
母亲	玫瑰	百合	兰花
儿子	三阳	开泰	丰年

杰克的成绩

（1）贾先和乔治两人的说辞相矛盾，所以必定是一真一假。亦即，三个人不可能都说谎，最多只有两个人说谎（要么两个人说谎，要么一个人说谎）。

（2）从有没有作弊的角度来看，杰克数学考第1名的可能原因，要么是作弊，要么没作弊。据此，先假设贾先、乔治和迈克三人说的都是谎话，则其谎言背后隐含的真实状况为：

贾先：

1. 杰克作弊，而且不是抄袭乔治的。

2. 杰克没有作弊，而是幸运或努力的结果（排除作弊之后，当然就只剩下这两种可能状况了）。

乔治：

1. 杰克作弊，而且一定是抄袭乔

治的。

2. 杰克没有作弊，而是幸运或努力的结果。

迈克：

1. 杰克没有作弊。

2. 杰克没有作弊，完全是幸运使然。

（3）根据（1）及（2），假设其中任两人说谎，则会得出如下的结果：

贾先和乔治：杰克作弊，而且既抄袭乔治又没抄袭乔治。（结论自相矛盾）

贾先和迈克：杰克没有作弊，而是幸运使然（因为迈克否定了努力的可能性），但也可能是努力的结果。（结论互不相容）

乔治和迈克：杰克没有作弊，而是幸运使然（因为迈克否定了努力的可能性），但又可能是努力的结果。（结论互不相容）

可见，不可能同时有两人说谎。

由此可见，3个人之中，既不可能3个都说谎，也不可能同时有2个在说谎。所以，根据威尔逊的说法，杰克这次会考第1名，真的是自己努力的结果。

淑女裙

黄色。

网球比赛

（1）由提示1及提示3，可知：

A. 王自强和安卫国不是搭档的关系；

B. 王自强的搭档或是钟华夏或是赵兴邦；

C. 王自强的搭档年龄比安卫国小。

（2）由B，假设王自强的搭档是钟华夏，则根据提示2可知：

钟华夏的年龄比安卫国大。但这和C相矛盾，所以这假设不成立。因此：

D. 王自强的搭档是赵兴邦；

E. 安卫国的搭档是钟华夏。

（3）既然知道了搭档关系，便可以进一步推知他们的年龄大小：

F. 由D及提示3，可知王自强的年龄比赵兴邦大；

G. 由提示1，可知安卫国的年龄比王自强大；

H. 由提示2，D及E可知，钟华夏的年龄比王自强和赵兴邦都大。

考试日期

学生的推理是这样的：考试不能安排在周日，因为周日是最后一天，同学们这天早上知道一定会考试；如果周日不考试，那么周六也不行，因为大家在这天早上也会知道要考试；以此类推，这周的每一天都不可以考试。这个推理会引申出这样的判断："如果必然有一次考试，那么它不能在任何一天进行。"很明显这是违反直觉的，被称为预言悖论。

围绕这种悖论，有各种各样的争论和解决方案，但是有一种最简单：既然学生们在周三早上认为不会考试，那么他们显然不知道这天一定会考试，所以考试就可以进行了。只要考试不安排在周日，那么学生的推论都站不住脚。因为在周日早上，同学们不会认为"今天一定会考试"，而是认为"今天一定不会考试"，因为考试已经结束了。于是下面的推论也就无法进行了。也就是说，在进行逆向归纳的时候，学生遗漏了一个重要的条件：如果周日之前没有任何考试，那么考试不能安排在周日。

是谁闯的祸

是丙干的。乙和丁中一定有一个小孩在说谎。假设乙没有说谎，那么这件事就是丁做的。而丙说的话也同样正确。因为只有一个孩子说了实话，所以乙在说谎。也就是说，这4个孩子中，只有丁说了实话。因此可以断定，是丙打碎了李阿姨家的玻璃。

谁送的礼品

"鸡尾酒"先生所收到的礼品是"威士忌"先生送的；"茅台"先生送给"白兰地"先生鸡尾酒；"白兰地"先生送给"威士忌"先生伏特加；"威士忌"先生送给"鸡尾酒"先生茅台酒；"鸡尾酒"先生送给"伏特加"先生白兰地；"伏特加"先生送给"茅台"先生"威士忌"酒。

汽车是谁的

1. 丽萨；
2. 玛丽；
3. 凯特；
4. 丽萨；
5. 玛丽。

天堂里的游戏

你可以假设自己是围坐着的六个少年中的一个。你能看见五个人头上戴的帽子，如果你看到这五个人中，有四个人戴白帽，只有一个人戴的是黑帽，就会猜到自己和对面的人都戴的是黑帽。如果你看到只有两个人戴白帽，就会猜到自己和对面的人都戴的是白帽。可是当一白一黑的两顶帽子分别戴在你和对面人头上时，你就无法判断自己戴的是什么颜色的帽子了。

其他围坐的少年也都是这样想的。那么，中间的少年按这个逻辑推理，会得到什么样的结论呢？

由于围坐的少年都在沉思，坐在中间的少年可以推测：三组对面而坐的少年，一定是三个人头上戴白帽，三个人头上戴黑帽。这样，自己头上戴的当然是白帽子。

爱因斯坦的问题

甲是这样推理的：如果我戴的也是红帽子，那么，乙就马上可以猜到自己是戴黑帽子（因为红帽子只有两顶）；而现在乙并没有立刻猜到，可见，我戴的不是红帽子。

可见，乙的反应太慢了。

结果，甲被土耳其商人雇用了。

麻烦的任务

如果派遣甲去，根据⑤乙也去；派遣乙，根据②丙不去；不派遣丙，根据④丁不去，而戊必须去；派遣戊，根据③丁必须去。这样就推出了矛盾的结果，所以不能派遣甲。

如果派遣乙去，根据②丙不去；不派遣丙，根据④丁不去；不派遣丁，根据①戊必须去；派遣戊，根据③丁必须去。这样也推出了矛盾的结果，所以不能派遣乙。

如果派遣戊去，根据③甲和丁必须去；派遣甲，根据⑤乙也去；派遣乙，根据②丙不去；不派遣丙，根据④丁不去，同样推出矛盾的结果，所以不能派遣戊。

这样，在甲、乙、丙、丁、戊5个人中，只能让丙、丁两人去完成任务，才不会产生矛盾。

会说话的指示牌

足球场的指示牌上都是真话；健身房的指示牌上都是假话；篮球场的指示牌上一句是真话，一句是假话。

五个学生

名字	班级	课程	体育运动
艾米丽	6	代数	壁球
贝蒂	2	生物	跑步
克拉拉	4	历史	游泳
露丝	3	地理	网球
伊丽莎白	5	化学	篮球

真实的谎言

A是真实的，其他三点都是两种可能。

兔子的谎言

甲2岁，乙4岁，丙3岁，丁1岁。

如果丙兔子说的是假话，丙就比

甲年龄小，而且甲就是 1 岁，这是不可能的。所以丙兔子的发言是真实的，就是甲不是 1 岁，丙比甲的年龄要大。

如果甲的发言是真的，就是乙 3 岁，甲要比乙年龄大 4 岁，这与上面的分析是矛盾的。所以，甲的话是假的，乙也不是 3 岁，甲比乙的年龄要小。

根据以上分析，乙是 4 岁，丙是 3 岁，甲是 2 岁，剩下的丁就是 1 岁。

生日派对

蓝色。

假设大毛和二毛的帽子都是红色的，而会场上只有两顶红帽子，那么三毛应该立刻回答自己的帽子是蓝色的。

所以，大毛和二毛的帽子有两种可能：（1）一顶红色和一顶蓝色；（2）两顶都是蓝色。

二毛看得到大毛的帽子，如果大毛戴的是红色的话，便符合（1）的状况，那么二毛应该可以答自己的帽子是蓝色的才对。

他之所以答不出来的原因，相信你也已经猜到了吧，那就是因为大毛的帽子是蓝色的。

有几个天使

至少有 2 个天使。

假设甲是魔鬼的话，由此可推断他们几个都是魔鬼，那么，乙是魔鬼的同时又说了实话，存在矛盾，所以甲是天使；假设乙是天使的话，从她的话来看，丙就成了魔鬼，相反，假设乙是魔鬼的话，从她的话来看，丙就是天使了。所以，无论怎样，都会有 2 个天使。

谁是说谎者

对于"你是 Truth 族人吗"这个问题，如果甲是 Truth 族，那么他会如实回答"是"；如果甲是 Lie 族，那么他会说谎，还是回答"是"。所以不管甲属于什么族，他对旅行者的提问总要回答"是"。乙肯定了这一点，所以乙是 Truth 族的。这样乙的后半句话也一定是真的，那么甲肯定是 Lie 族的。

英明的总督

按照法律的逻辑推理，如果绞死那个人，就说明他说的是实话，应该让他过桥。而如果让他过桥的话，那么他说的就是谎话，应该被绞死。这样就陷入逻辑的悖论。所以守桥的士兵不知如何是好。

但是，这个推理也不是完美无缺的。通过对条件的合理限制，就可以破解悖论，做出没有矛盾的选择。我

思维游戏总动员丛书

们可以看到。这条法律只适用于所有过桥的人，而那个人是来过桥的吗？不是，看起来他更像是来捣乱的，因此可以不使用这条关于过桥人的法律。这样，悖论也就不存在了。既然他是自愿来被绞死的，那就可以成全他。不过作为一名英明的总督，对于这样的聪明人，还是赦免他的死罪，让他在有用的地方去发挥聪明才智吧。

约翰教授的奖章

琼斯是这样推论的——

凯瑟琳举手了，这说明我和汤姆两人中，至少有一个人是戴红帽子的；同样，汤姆举手了，这说明我和凯瑟琳两人中，至少有一个人是戴红帽子的。

如果我头上不是戴红帽子，那么，凯瑟琳会怎么想？她一定会想："汤姆举了手，说明琼斯和我至少有一个人头上戴红帽子。现在，我明明看到琼斯不戴红帽子，所以，我一定戴红帽子。"在这种情况下，凯瑟琳一定会知道并说出自己戴红帽子。可是，她并没有说自己戴红帽子。

可见，我头上戴的是红帽子。

如果我不是戴红帽子，汤姆会怎么想？他的想法和凯瑟琳是一样的："凯瑟琳举了手，这说明琼斯和我两人中至少有一个人头上戴红帽子。现在，我明明看到琼斯头上不戴红帽子。所以，我一定戴红帽子。"在这种情况下，汤姆一定会知道自己戴红帽子，可是，汤姆并没有这样说。所以，我头上戴的是红帽子。琼斯的推论是完全合乎逻辑的。

本章所举的例题也可用类似的思路来分析。该题以同样的问题先后问了 A、B、C。A、B 均说自己猜不出，据此，聪明的 C 猜到自己头上戴的是红帽子。C 的推论如下：

"A 猜不出，说明 B 和我两人中至少有一个人戴红帽子；B 猜不出，说明 A 和我两人中至少有一个人戴红帽子。如果我戴蓝帽子，A 和 B 肯定能判断自己戴红帽子。他们都猜不出，可见我戴的是红帽子。"

3 人的职位

最好的办法是画一个表格，行表示职位，列表示人，在逻辑上行不通的格子里打"×"，在你认为对的格子里打"○"。

然后通过条件判断：

格里有兄弟，而秘书是独生子女，所以格里不是秘书。

罗斯比董事长挣钱多，而秘书挣钱最少，那么罗斯既不是董事长也不是秘书。

结果就是，安尼塔是秘书，格里

是董事长，罗斯是主席。

野炊分工

老大洗菜，老二淘米，老三烧水，老四挑水。

黄色蝴蝶发带和绿色围巾

有妖法的女子是思思。

系着妖法围巾的是思思和平平。

戴着妖法蝴蝶发带的是蕾蕾和思思。

魔鬼、人和天使

甲是人，乙是天使，丙是魔鬼。

三个牛仔

虽然阿莫斯和巴奇命中率有100%，但考蒂活下来的概率最大。

理由很直接。如果阿莫斯或巴奇首先开枪，那两人中一个人必死无疑（因为他们相互间是最大的威胁），然后就轮到考蒂射击。考蒂有50%的机会打死对手。如果考蒂抽到第一枪，他应该打偏，否则如果他打死了阿莫斯或巴奇中的一个，另一个就会打死他。

所以考蒂存活的机会是50%。

而阿莫斯和巴奇有相同的机会。如果他们没轮到先开枪，他们就得先被打；如果他们中某一个人先开枪，他们就有一个必死。因为两人的情况

相同，所以他俩得以存活的概率为0加上50%除以2，即25%。

谁是牧羊人

"马车夫"先生当上了牧羊人。

穿越隧道

如果他的脸是干净的，那么另两个人中有一个会意识到他自己的脸是脏的。但他们都在笑，所以他推断他的脸是脏的。

真话还是假话

（1）指着任一边的岔路，问其中一人"如果我问，这条路是不是通往诚实村的路，你旁边那个人会怎么回答？"如此一来，将有以下4种情况：

A. 路是通往说谎村，被问者是说谎村的村民。

如果被问的是说谎村的村民，则他旁边的人便是诚实村的村民，而会回答不是。而由于被问的人会说谎话，因此他将会回答是。

B. 路是通往说谎村，被问的是诚实村的村民。

如果被问的是诚实村的村民，则他旁边的人便是说谎村的村民，而会回答是。由于被问者会说实话，因此他将会回答是。

C. 路是通往诚实村，被问者是说谎村的村民。

如果被问的是说谎村的村民，则他旁边的就是诚实村的村民，而会回答是。由于被问的人会说谎话，所以会歪曲诚实村村民的答案，因此他将会回答赵某不是。

D. 路是通往诚实村的，被问者是诚实村的村民。

如果被问的是诚实村的村民，则他旁边的人便是说谎村的村民，而会回答不是。而由于被问者会说实话，所以会把说谎村的村民的答案据实告知，因此他将会回答不是。

（2）可见，如果赵某得到的答案是"是"，便可以确定他所指的那条路是通往说谎村。而如果他得到的答案是"不是"，则可以确定他所指的那条路是通往诚实村。

甲乙丙丁

解法一：可用排除法求解

由 1、2、4、5 知，既不是甲、乙在修指甲，也不是丙在修指甲，因此修指甲的应该是丁；但这与 3 的结论相矛盾，所以 3 的前提肯定不成立，即甲应该是躺在床上；在 4 中丙既不看书又不修指甲，由前面分析，丙又不可能躺在床上，所以丙是在写信，而乙则是在看书。

解法二：我们可以画出 4×4 的矩阵，然后消元。

	甲	乙	丙	丁
修指甲	—	—	—	+
写信	—	—	+	—
躺在床上	+	—	—	—
看书	—	+	—	—

注意：每行每列只能取一个，一旦取定，同样同列要涂掉。我们用"—"表示某人对应的此项被涂掉，"+"表示某人在做这件事。

①根据题目中的 1、2、4、5，我们可以在上述矩阵中涂掉相应项，用"—"表示。（可知丁在修指甲，乙是在看书）

②题目中的解为甲＝"躺在床上"，则丁 ≠ "修指甲"；那么其逆否命题为：若丁"修指甲"，则甲"躺在床上"。（由①可知，甲应该是"躺在床上"，所以在"躺在床上"的对应项处划上"+"）

③现在观察①②所得矩阵情况，考察甲、乙、丙、丁各列的纵向情况，可见在"写信"一项所对应的行中，只能在相应的丙处划"+"，即丙在写信。

美人鱼的钻戒

4 个人共有 10 枚钻戒：

艾艾＋拉拉＝5 的话，米米＋丽丽＝5；

艾艾＋拉拉≠5 的话，米米＋丽

≠5：

所以，丽丽和拉拉或者都说了实话，或都撒了谎。

假设她们都说了实话，丽丽≠2，拉拉≠2。由于拉拉的发言是真实的，米米≠3。

假设艾艾的话是真的（艾艾≠2），由于拉拉＋米米＝5，可得艾艾＋丽丽＝5。米米的话是假的，所以米米＝2，因此，拉拉＝3，丽丽的话就变成假的了。

由于丽丽的话是真的，所以拉拉＝3。那么，拉拉＋米米＝5，就成了艾艾有2个却又说了真话。这是自相矛盾的。

由此推知，前面的假设是不成立的。

她们都撒了谎，即丽丽＝2、拉拉＝2。由拉拉的发言（假的）可知，米米不等于3。

所以，艾艾的发言是假的，艾艾＝2，剩下的米米就是4个。

她们各自手上戴的钻戒数具体如下：

丽丽：2个；

艾艾：2个；

拉拉：2个；

米米：4个。

小魔女们的小狗

根据（1）、（6），灰色眼睛的魔女、黑色服装的魔女、小欢子（红色眼睛），3人饲养的小狗是1只、3只、4只（顺序不确定）……Ⅰ；

根据（2），绿色眼睛的魔女、红色服装的魔女、小安子3人饲养的小狗分别是2只、3只、4只（顺序不确定）……Ⅱ；

根据（3）、（6），红色眼睛的魔女、茶色服装的魔女、小丹子3人饲养的小狗分别是1只、2只、4只（顺序不确定）……Ⅲ；

小安子的眼睛不是红色的（6），也不是蓝色的（5），也不是绿色的（2），所以是灰色的。

灰色眼睛是小安子，所以不是红色衣服（6），也不是紫色衣服（4），也不是黑色衣服（1），应该是茶色衣服。

灰色眼睛的魔女在Ⅰ、Ⅱ、Ⅲ里面都出现过了，所以养了4只狗。还有1个人，在Ⅰ、Ⅲ里共同部分出现过的红色眼睛的魔女（小欢子）养了一只狗。所以，黑色衣服的魔女和小丹子不是同一个人。

根据Ⅰ，黑衣魔女有3只小狗，在Ⅰ、Ⅱ里出现过的黑衣魔女和绿色眼睛的魔女是同一个人，黑衣魔女

107

(绿色眼睛，3只) 和小丹子不是同一个人，所以是小林子。

根据Ⅱ，红色衣服的魔女是小丹子。

所以，小林子的眼睛是绿色的，穿了黑色的服装，养了3只小狗；小欢子的眼睛是红色的，穿了紫色的衣服，养了1只小狗；小安子的眼睛是灰色的，穿了茶色的衣服，养了4只小狗；小丹于的眼睛是蓝色的，穿了红色的衣服，养了2只小狗。

4 对亲兄弟

甲的弟弟是D，乙的弟弟是B，丙的弟弟是A，丁的弟弟是C。

在甲、乙、丙3个人中只有一个人说了实话，而且这个人是D的哥哥，因此乙说的是假话，乙不可能是D的哥哥。由乙说的话得知，丙也不可能是D的哥哥，所以丙说的也是假话。由此可得，丁的弟弟是C。由于甲、乙两人都说了谎，而丁又不是D的哥哥，因此甲一定是D的哥哥，甲说的是实话。即乙的弟弟是B，丙的弟弟是A。

鱼的主人是谁

德国人养鱼。

推理：

一	二	三	四	五
黄	蓝	红	绿	白
挪	丹	英	德	瑞
水	茶	奶	咖	啤
DUN	混	PALL	PRI	BLUE
猫	马	鸟	鱼	狗

首先排好顺序1到5，然后把挪威人放到1号里，可以看出2号房子是蓝的和3号房子的人喝牛奶，然后是绿的在白的左边，说明绿的只可能在3号或者4号，因为2号是蓝的。

又因为绿房子里的人喝咖啡，所以绿的不是3号房子而是4号，所以白的是5号。然后知道1号是黄色，挪威人抽DUNHLL，而且知道2号养马。然后看喝啤酒的人抽BLUEMASTER香烟，两个都还空着的，这时只剩下5号和2号。如果是2号喝啤酒的话，那么抽混合烟的人就没地方放了，因为还剩下茶和矿泉水。而且茶不能放在1号，因为喝茶的是丹麦人，抽混合烟的人没办法放到喝矿泉水的人旁边，所以5号喝啤酒。然后得出2号住丹麦人，喝绿茶抽混合烟，挪威人喝矿泉水，然后说明5号是瑞典人，因为德国人抽PRINCE。还可以得出住4号绿房子的是德国人，抽的是PRINCE。所以剩下的一种烟PALLMAIL就是英国人抽了，而

思维游戏总动员丛书

且说明英国人养了鸟，然后得出挪威人养猫，瑞典人养的是狗。

所以最后只剩德国人养鱼。

火中逃生

罗宾逊、他的妻子、孩子与狗可以下列顺序逃生：

降下孩子——降下小狗，升上孩子——降下罗宾逊，升上小狗——降下孩子——降下小狗，升上孩子——降下孩子——降下妻子，升上其他人及狗——降下孩子——降下小狗，升上孩子——降下孩子——降下罗宾逊，升上小狗——降下小狗，升上孩子——降下孩子。

汽车比赛

詹姆第一，往后依次是瓦尔特、约翰、威尔、琼。

赛 马

这样的结果是可以发生的：
第一次：甲、乙、丙、丁；
第二次：乙、丙、丁、甲；
第三次：丙、丁、甲、乙；
第四次：丁、甲、乙、丙。

神奇的旅馆

你只要把客人移到号码是其现在居住的房间号码的两倍的房间里就行

了。1 号房里住的客人移到 2 号房，2 号房里的客人到 4 号房，3 号房里的客人到 6 号房，以此类推。最后，所有奇数号的房间都空了出来，就能安置所有新来的客人了。

身后的彩旗

乙和丁的身后是红旗。

若丙的话真，则甲、乙应说真话，但他们的话矛盾，所以丙说了假话。若甲的话真，其他 3 人说了假话，但乙看到一红二黄也应是真的，这也矛盾，所以甲说的是假话。若乙说假话，那甲、乙、丙身后都是黄旗，如果丁身后是黄旗，那甲说的是真话了，这不可能。如果丁身后是红旗，那么乙就没有说假话。所以乙、丁身后是红旗。

编辑值班表

尽管在本题中，四人之间仍然有一定的时间上的联系，但是在解析本题时，采用线条法就显然不适合了。因为在本题中所求的内容比那种单纯求关系更为复杂，并不能机械地套用线条法。图表法则是可选择的又一种方法。它可以按照新的问题场景和实际解析需要，将问题内容制作成一个图表。在图表中，将问题情景中所涉及的事物一一列出，其交叉部分即为事物之间的关系，从而快捷地梳理头绪、疏通脉络。

题干条件：

新闻：周一上午，周二、周四全天。

经济：周三上午，周四下午，周五全天。

文化：周一全天，周二下午，周三上午。

体育：周一下午，周二上午，周三全天。

按条件试做表如下，并将所有信息填入相关表格：

类别＼日期	周一	周二	周三	周四	周五
上午	新闻、文化	新闻、体育	经济、文化、体育	新闻	经济
下午	文化、体育	新闻、文化	体育	新闻、经济	经济

（1）周二下午后，除经济编辑外，其他三人的累计值班天数都已经满了一整天，所以，经济编辑开始值班的日子是周三上午。

（2）从图表上看，显然只有经济编辑在周五可以承担这项工作。

通过解析本题，我们可以体会到，如果只将所得信息放在大脑中思索，只是调动了大脑的一半能力。要想尽快地解决这类问题，只有将左、右半脑进行联合，综合运用右半脑组织全部外形轮廓的能力和左半脑负责局部细节的能力。这就是图表法综合信息、感性直观的特点。

同时，在运用图表法的过程中，我们也可以不用强记各种信息、线索，只需观察，即可顺利解决问题。这是左、右半脑综合运用之后的效应。在这种方法下，思维既注意到了全部外形的结构，同时也没有忽略局部的有关信息。这就是通过运用图表法培养大脑两半球综合能力的作用与意义。

所以，问题（1）的答案是周三上午。

问题（2）的答案是，经济编辑可在周五承担这项工作。

只收半价

不成立。"两匹布的半价等于一匹布"是个诡辩。

之所以感到迷惑，是因为思维受

最初的"半价"概念所束缚，混淆了各种关系及计算方法，因而产生了认知模糊。

"布匹"和"布价"是两个不同的概念，一匹布是两匹布的一半，但却不是两匹布的布价的一半。如果将半价、全价问题搅和在同一个言语活动中，就容易模糊这两个概念的区别，使人觉得"言之有理"。如果感到这个问题一时说不清，不妨换算一下：假定两匹布值20元钱，一匹布值10元钱。如果是半价，那么两匹布就只值10元钱，一匹布也只值5元钱。而5元钱是不能抵消两匹布的半价10元钱的。亦即，如果这个诡辩者的论证成立，就要闹出半价卖出、全价退货的笑话了。

两枚古钱币

赔了5元。

从一枚赚了20%而另一枚赔了20%的表面现象看，似乎是不赔不赚。但这两个比率所比的对象不同，因而也是两个相对数。如按每枚60元出售，则赚了20%的古钱币，其收购价格为 $60 \div 100/120 = 50$ 元；另一枚赔了20%的古钱币，其收购价格为 $x \times (1 - 20\%) = 60$ 元，$x = 75$ 元。

这样，两枚古钱币的收购价格为 $60 + 75 = 125$ 元，而出售价格为120

元，所以这个人在这次交易中，赔了5元钱。

左邻右舍

没有失言。只是木匠铺与铁匠铺相互搬了一下家。

结果出乎意外，但细分析之下，仍在情理之中。原因在于，这两户邻居同时利用了"搬家"这个概念的歧义性。

"搬家"既可以指这两户人家同时搬到别处去，也可以指他们相互搬到对方的位置。

本训练中的"搬家"就是一个还需要进一步精确的概念。因为，由于木匠铺与铁匠铺所具有的邻居关系，会给"搬家"带来一定的模糊性，而他们也正是巧妙地利用了这种由于"搬家"概念的歧义性所造成的模糊性，使要求"搬家"者也无可奈何。除非他在下一次请求中，将"搬家"概念进一步明确所指。不过，那还需要再宴请一次了。

关于帽子的赌博

应该赌。

通过计算我们可以知道，至少一个人拿到他自己的帽子的概率大约是0.632，大于0.5。所以，这个赌是可以打的。

三个人的秘密年龄

A 是 54 岁，B 是 45 岁，C 是 4 岁半。

剩下的 1 元钱呢

3 个人开始拿出 30 元钱，服务生还给他们 3 元，3 个人实际出了 27 元。老板得到 25 元，服务生得到 2 元。可以用下面的等式表示：25 元（老板得到）+2（服务生得到）+3 元（找回）=30 元。

赔钱卖葱

葱原本是 1 元钱 1 斤，也就是说，不管是葱白还是葱叶都是 1 元钱 1 斤。而分开称后，葱白只卖 7 角、葱叶只卖 3 角，当然要赔钱了。

龟和青蛙赛跑

第一场比赛，乌龟跑 100 米所需时间和青蛙跑 97 米的时间是一样的，因此如图所示，在第二场比赛中，乌龟和青蛙同时到达 AB 线，而在剩下的同样是 3 米的距离中，乌龟的速度快，所以当然还是它先到达终点。

国王的两个女儿

答案很简单，只要问："你结婚了吗?"

无论是谁回答问题，他知道答案"是"意味着阿米丽雅结婚了而蕾拉没有结婚，而"不是"则意味着蕾拉结婚了而阿米丽雅没有结婚。高尚的阿米丽雅会告诉他实话——"是"表示她结婚了，而"不是"表示她没有结婚。而邪恶的蕾拉会用"不是"表示她结婚了，而"是"表示她没有结婚——就是说阿米丽雅结婚了。

谁"差"钱

叫店主端一盆水来，让盲人把 4 枚硬币放进水里。硬币进水后如果水面浮起油脂，那就证明钱是店主的。

扮演角色

约翰扮演了高尔夫球手和理发师，迪克扮演了喇叭手和作家。罗杰扮演了计算机技术员和卡车司机。

思维游戏总动员丛书

奇思妙想

　　有这样一些问题：找不到方法的时候，我们常常认为它们是无解的；而一旦找到其中的诀窍，我们又会豁然开朗，大呼"原来这么简单啊！"

　　对待这样的问题，我们需要充分发挥想象力，不能遵循常规的解题方法，也就是本章标题所说的"奇思妙想"！下面，就让你的想象力开始飞翔吧！

分辨真花和假花

一个小村庄里，有一对靠养蜂为生的兄妹，兄妹感情非常好。一天，妹妹拿来两朵一模一样的花给哥哥看，她让哥哥分辨哪朵是真花、哪朵是假花。要求哥哥只能远远地看，不能用手去摸，更不能闻。

如果是你，你会怎么办？

难度等级　★★☆☆☆

真假古铜镜

爷爷非常喜欢收藏古玩，他闲着的时候就到旧货市场上转转。一天，他在护国寺前看见一个小伙子拿着一面古铜镜叫卖，就走了过去。他拿起古铜镜仔细观察，发现上面铸有"公元前四十二年造"的字样。

爷爷没问价钱就走了，他不用请专家鉴定就知道这面古铜镜是假的。你知道这是为什么吗？

难度等级　★★☆☆☆

烟的方向

在长江上，一艘轮船正以时速10千米的速度前进，它冒出来的烟是笔直的。你认为会出现这种现象吗？

难度等级　★★☆☆☆

聪明的马克·吐温

美国著名作家马克·吐温非常喜欢开玩笑。有一次，马克·吐温路过一座教堂，牧师正在讲坛上布教。他非常反感牧师的陈词滥调，于是想捉弄一下牧师。牧师仍在那里津津乐道，马克·吐温一本正经地说："牧师先生，你讲得实在太妙了，只不过你所说的每一个字，我都曾经在一本书上看过。"

牧师不悦地说："这不可能，我的讲演是独一无二的，我可以以上帝的名义发誓！"

"但是，你说的每一个字我确实在那本书上看过啊。"马克·吐温半真半假地说。

牧师感到有点无可奈何，说："那么，请你有时间把那本书借给我看一看。"

过了几天，这位牧师果然收到了马克·吐温寄给他的"书"。牧师看了之后，哭笑不得。

不过，马克·吐温和牧师都没说假话。马克·吐温到底寄了一本什么书给牧师呢？

难度等级　★★☆☆☆

奇怪的来信

一天，老王打开信箱，取出一封信。老王撕开信封看了看，吓了一跳。信上的邮戳日期是两天以前的，信里面却是一则今天早上的新闻。之前信封并没有被打开过的痕迹，老王怎么也想不通，你能帮老王想想这到底是怎么回事吗？

难度等级　★★☆☆☆

荒谬的法令

古时候，一个国王非常赞成一夫多妻制，就颁布了这样一条法令：女人只要第一胎生的是男婴，就不能再生第二胎。按照这条法令，有些家庭就会有几个女孩和一个男孩，但是任何家庭都不会有一个以上的男孩。国王认为，如果坚决执行这条法令，用不了多久女性人口就会大大超过男性人口。

你认为这条法令可以实现他的初衷吗？

难度等级　★★★☆☆

潮水何时淹没绳结

钱塘江涨潮时，场面非常壮观，观潮的人络绎不绝。七月的一天，正是潮水上涨的时候。在距钱塘江岸边不远的地方停泊着一只船，船上挂着一根打了结的绳子，结与结之间间隔25厘米，最下面一个绳结刚好接触到水面。

潮水以每小时20厘米的速度上涨，经过多长时间潮水可以淹没第四个绳结？

难度等级　★★☆☆☆

环球旅行

两个好朋友一直有自己开飞机环游世界的理想。他们设想从北京出发最后再回到北京。一个人说："我向北方飞行，只要保持方向不变，就一定能飞回北京。"另一个人说："我向南方飞行，只要保持方向不变，也一定能飞回北京。"

你觉得他们的说法有道理吗？

难度等级　★★☆☆☆

哪只狗流汗多

某地举行警犬大赛，其中一个比

赛项目是赛跑。一只长毛狗跑得快，一只短毛狗跑得慢。请问，这两只狗跑到终点时，哪只狗流汗更多？

难度等级　★★☆☆☆

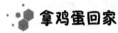

拿鸡蛋回家

可可和朋友们打完篮球，抱着篮球回家。路上，他突然想起妈妈嘱咐他回家时买些鸡蛋，于是他就转到菜市场买了十几个鸡蛋。

这个菜市场提倡环保理念，因此不给顾客提供塑料袋。可可既没有篮子，也找不到其他的工具，他应该怎么把这些鸡蛋带回家呢？

难度等级　★★☆☆☆

房子在哪里

一个人刚来一个地方，他围着房子走了一圈，想确定东、南、西、北，可是他发现四周的方向都是一样的。这所房子坐落在哪里呢？

难度等级　★★☆☆☆

一句话定生死

有个国王想处死一个囚犯，他决定让囚犯们自己选择是砍头还是绞刑。选择的方法是：囚犯可以任意说一句话，如果是真话，就处绞刑；如果是假话，就砍头。

有个聪明的囚犯来到国王面前问："如果我说出了一句话，你们既不能绞死我，也不能砍我的头，怎么办？"

"如果真是那样的话，我就释放你。"国王说。

那个囚犯说了句话，果然十分巧妙。国王听了左右为难，但又不能言而无信，只好把这位聪明的囚犯释放了。

你知道聪明的囚犯说了什么话吗？

难度等级　★★☆☆☆

叔父的遗产

有一位在国际上享有盛名的画家，将不久于人世。他在这个世界上只有一个亲人，就是他一直视如己出的侄子。他希望在自己死后给侄子留下一笔遗产，于是找来一位律师朋友，委托他在自己死后将一个信封交给侄子。

过了一个月，画家去世了。律师遵照画家的嘱托将信封交给画家的侄子，说里面是叔父留给他的遗产。

思维游戏总动员丛书

侄子打开信封一看，发现里面除了一张以花草为背景的信纸外，什么也没有，信纸上面写着："你手上的东西就是我留给你的价值连城的财产。"最后是叔父的签名和落款日期。侄子望着律师，不明白叔父的意思。

聪明的读者，你知道画家给侄子留下的价值连城的遗产是什么吗？

难度等级 ★★☆☆☆

过　桥

一条湍急的河上，只有一座独木桥，只能同时容一个人通过。一天，有两个人同时来到桥头，一个从南面来，一个要向北去，而二人都要过桥，互不相让。请问他们怎么过去？

难度等级 ★★☆☆☆

面不改色的阿凡提

聪明的阿凡提总是帮助老百姓对付财主，因此财主对阿凡提恨得咬牙切齿。有一次，财主借机把阿凡提抓起来绑到水池的柱子上，然后又在水面上放了很多大冰块。这时，水正好淹没到阿凡提的脖子处。

财主对阿凡提说："这次你可栽到我手上了！等冰块一融化，你就没命了！"阿凡提听了财主的话，面不改色，笑嘻嘻地一点儿也不在意。

你知道这是为什么吗？冰块融化之后水面会上升多高呢？

难度等级 ★★☆☆☆

水会不会溢出来

姨父家养了许多条小金鱼。林林趁姨父不在，向一个盛满水的鱼缸里放了一些小木块、小石块或者橡皮等，这时，水从鱼缸里溢了出来。请你想一想，如果林林放的是一条与上述物品同样体积的小金鱼，水会不会溢出来呢？

难度等级 ★★☆☆☆

鸡蛋落下的方向

清晨，明媚的阳光照到了鸡圈里。一只母鸡心情十分愉快，它先朝着太阳的方向飞奔了一阵子，又调头回到草堆转悠，接着向右边跑了一会儿，最后向左边的同伴跑去，忽然在草堆上下了一个蛋。

母鸡下的鸡蛋应该是朝什么方向落下呢？

难度等级 ★★☆☆☆

117

水桶里有多少水

乐乐和颖颖在院子里玩，她俩发现水池旁放着一个圆柱形的水桶，里面盛着水。乐乐看了看，说："桶里只有不到半桶水了。"颖颖坚持说桶里的水要多于半桶。两个人争执不休。

如果想要知道她俩到底谁说得正确，你能不使用任何工具，就想出办法来吗？

难度等级　★★☆☆☆

违章建筑

在农村，处理好乡邻关系可是一个大问题。这不，老李刚盖好新房，还没住上多久，隔壁就又有人家在盖房子了，不但影响老李休息，而且建房人还在规划占地以外的地方竖起一块厚木板。

老李非常气愤，就用毛笔蘸着墨汁在纸上写了4个大字"违章建筑"，贴在木板上。可是到了第二天，纸就被人撕掉了。于是老李又生一计，不管人再怎样擦，或是用其他办法覆盖，都不能使字从木板上消失。

你知道老李用了什么绝妙的办法吗？

难度等级　★★☆☆☆

爱动脑的小家伙

莱西是一个非常爱动脑筋的小孩，一天，爸爸在一个袋子里先装了一些小米，用绳子扎紧袋子后，再装进了一些大米。在没有任何容器，也不能将它们倒在地上或其他地方的情况下，莱西能先把小米倒入另一个袋子中，你能做到吗？

难度等级　★★☆☆☆

闹钟停了

小青家住在农村，只有一台闹钟，今天因电池用完停了。小青换好电池后急急忙忙去有钟的熟人家，看完时间后没有滞留就回到家，马上拨钟。拨钟时小青才发现不知道自己在路上走了多少时间，但最后小青还是把闹钟的指针拨到了准确时间的位置上。

你猜小青是怎样拨的？

难度等级　★★★☆☆

罗马古币

穆尔和摩西都是考古学家。不久

前，穆尔挖掘出一枚罗马古币，上面标明的铸造年代是公元前 44 年，并印有凯撒大帝的肖像。但摩西断定这枚古币是赝品。经过鉴定，这枚古币确实是赝品。

摩西是怎么知道的？

难度等级　★★☆☆☆

花瓣游戏

有两个女孩摘了一朵有着 13 片花瓣的圆形的花，两人可以轮流摘掉一片花瓣或相邻的两片花瓣。谁摘掉最后的花瓣谁就是赢家，并以此来预测未来的婚姻是否幸福。实际上只要掌握一定的技巧，就能让自己永远都是赢家。

你知道怎样才能在这场游戏中取胜吗？先摘还是后摘？应采取怎样的技巧呢？

难度等级　★★★☆☆

哪个学生聪明

有一位教书匠年纪大了，想选一个徒弟继承自己的事业。他左思右想，觉得这两个徒弟不分伯仲，因此很是为难。

过了几天，他终于想出了区分两

个徒弟高下的好点子。他叫来两个徒弟，递给他们两本同样厚的书和两支笔，然后让两个徒弟分别在书的每一页上点上一个点，不能漏页。最后谁先点完就将自己的事业传给谁。

你知道怎么才能取胜吗？

难度等级　★★★☆☆

老人的遗嘱

一个老人立下遗嘱，让他的两个继承人赛马，输的人得到全部遗产。赛马在约定的时间开始了，可两人都想方设法不让马到终点。为了打破僵局，裁判对规则做了一点小小的改动。根据裁判的主意，两人又开始比赛，先到达的得到了遗产。

如果所有人都在按规则做，那么这到底是怎么回事？

难度等级　★★☆☆☆

绝妙办法

孙膑到了齐国以后，齐威王拜他为军师。

有一天，齐威王想找机会考一考孙膑，就率领大臣来到一座小山脚下。齐威王坐在石头上对众人说："你们谁有办法让我自己走到这座小山顶上去?"大家都说出自己的办法。田忌说:"现在正逢叶落草黄,在您的周围点一把大火,大王就得往山上走。"齐威王笑道:"用火攻,这办法太笨了。"另一位大臣说: "用水淹。"齐威王摇了摇头。还有的说:"找外国军队来抓你。"大家说了一大堆办法,齐威王都一笑了之。

齐威王回头问孙膑有没有办法。孙膑说出了自己的办法,齐威王果然自己走了上去。这是什么办法呢?

难度等级　★★☆☆☆

单只通过

一只蚂蚁在地下通道里爬行,对面又来了一只。由于通道非常狭窄,只能单只通过。幸好,通道一侧有个凹处,刚好能容得下一只蚂蚁。可不巧的是,里面有一个小沙粒,把它移出来后又把通道堵住了,还是无法通行。两只蚂蚁应该怎么做才能都顺利通过呢?

难度等级　★★☆☆☆

巧倒豆豆

先将绿豆倒入袋子里,用棉绳绑紧袋子的中间,接着倒进红豆。然而,在没有任何容器、也不能将豆子倒在地上或其他地方的情况下,要如何将绿豆移入另一个空袋子中呢?

难度等级　★★☆☆☆

糊涂答案

一位驼背的老年人和瘸腿的年轻人路过一个陌生村庄,迎面走来一位中年人。好奇的中年人问年轻人:"那位驼背的老年人是不是你父亲?"年轻人很肯定地回答:"是的。"中年人又到前面去问老年人:"后面瘸腿的是不是你儿子?"老年人回答:"不是。"

然而,中年人为了再度确认,又一次去问年轻人:"那位驼背的老年人是不是你的亲生父亲?"年轻人仍然肯定地回答:"是的。"中年人又再一次到前面去问老年人:"瘸腿的年轻人是不是你的亲生儿子?"老年人同样回答:"不是。"但事实上老年人和年轻人说的都是真话。

请换个角度思考,究竟老年人和年轻人是什么关系呢?

难度等级　★★☆☆☆

洞中捉鸟

强强在捕鸟时,发现一只小鸟飞

进洞里躲起来。这个洞非常狭窄，手根本伸不进去；但若用树枝戳的话，又会伤害到小鸟。

请想一个简单方法，让小鸟能自动出来。

难度等级　★★☆☆☆

过　河

明明牵着一只狗和两只小羊回家，路上遇到一条河，没有桥。只有一条小船，但船很小，他每次只能带一只狗或一只小羊过河。

你能帮他想想办法，把狗和小羊都带过河去，又不让狗吃到小羊吗？

难度等级　★★☆☆☆

过独木桥

妞妞与挑着扁担的爸爸过独木桥，走到桥中间时，迎面走来一位小男孩。妞妞和这名男孩谁也不肯退让，她的爸爸无论怎么劝说，两人仍旧坚持己见。于是他急中生智，想出了一个办法，使他们都能顺利过桥。

究竟妞妞的爸爸是怎么办到的呢？

难度等级　★★☆☆☆

怎样逃生

去年夏天我们去格鲁吉亚旅游。有一天我们走到一座孤单单的古塔，我们参观后坐在塔旁休息。我们的导游是格鲁吉亚大学历史系的大学生，她给我们讲了这个古塔发生的一个故事。

300 年前，此地有一个凶狠的侯爵，他有一个独生女儿，侯爵要把她嫁给邻居富翁的独生子为妻，可他的女儿却偏偏爱上一个以打铁为生的小伙子。侯爵不准他俩相爱，于是他们偷偷跑入山中，想过自由、幸福的生活。

侯爵火冒三丈，派人把他俩抓了回来，并决定第二天将他俩处死。他命令侍卫把他们关在这座既高又昏暗、荒凉、无法爬上爬下的古塔里。同他们一起被关进的还有一位侍候侯爵女儿的只有 14 岁的小姑娘。

小伙子想逃走，他沿着塔内阶梯登上古塔的上面，在窗口察看地形。突然，在最上层的一个窗口发现一根绳子，这根绳子还套在滑轮上。再往下面看，绳子的两端还拴一个空篮子。这是建筑工人因忘记而留下的。

小伙子知道，当一个篮子装入东

西超过另一个篮子载重约 5 到 6 千克时，重的篮子会均匀平稳下降到地面，另一个篮子会均匀平稳地上升到窗口。他估计侯爵的女儿约重 50 千克，小姑娘不会超过 40 千克，他还在塔内找到破旧铁链约重 30 千克。小伙子身重 90 千克。篮子可装一个人和铁链，或者装两个人。小伙子想用这些东西坐篮子逃跑，但他们三个人总想不出办法。

请你利用这些物品，帮他们想出一个逃走的办法。

难度等级　★★★☆☆

客车怎样通过小站

某单轨铁路的一个小站上，停着一列由火车头、五节车厢组成的列车。这个小站只有一条短的支线，必要时可容纳一个火车头和两节车厢。

现在正有一列客车渐渐驶进这个小站，请你指挥这列客车通过这一小站。

难度等级　★★★☆☆

巧分油

有两个大小、形状、重量相等的瓶子，其中一个装有半瓶多的油，另外一个则是空瓶。请问，在没有任何称量工具的情况下，要如何均分这些油呢？

难度等级　★★☆☆☆

故事接龙

经过几轮严格筛选，选美大赛已接近尾声，只剩下 4 位佳丽过关斩将。最后一轮是组委会准备的一项智力比赛，考一考 4 位佳丽的现场反应。

主持人神采奕奕，手持话筒饱含激情地说："下面有请 4 位佳丽做一个故事接龙游戏。首句是'今晚的月光很好……'"

A 小姐接过话筒，吐字清晰地说："演出结束后，我独自一人走在回家的路上，忽然身后传来一声枪响……"

话筒传到 B 小姐手上，她几乎不假思索地说："我慌忙回头一看，看到警察在追捕一个持枪的歹徒……"

C 小姐更是胸有成竹："经过几番搏斗，警察终于制服了歹徒。"

观众和评委都觉得 C 小姐给 D 小姐出了一个难题，故事讲到这儿，似乎可以结束了。这时话筒已经传给了 D 小姐。D 小姐灵机一动，想到了一个新颖而巧妙的结局，最后她获得了本次选美大赛的冠军。

你知道她是怎样接下去的吗？

难度等级 ★★☆☆☆

隧道里的火车

两条火车隧道除了隧道内的一段外都是盘旋铺设的。由于隧道的宽度不足以铺设双轨，因此，在隧道内只能铺设单轨。

一天下午，一列火车从某一方向驶入隧道，另一列火车从相反的方向驶入隧道。两列火车都以最高速度行驶，但它们并未相撞，这是为什么？

难度等级 ★★☆☆☆

寻找戒指

当你把9个外形完全相同、重量完全相等的包裹都封好口后，发现你的一枚戒指掉在其中一只包裹里了。而你不想把所有的包裹都打开。

只称两次，你能确定戒指在哪只包裹里吗？

难度等级 ★★☆☆☆

升斗的妙用

一个长方形的升斗，它的容积是

1升，有人也称之为立升或公升。现在要求你只使用这个升斗，准确地量出0.5升的水。

应该怎么办才能做到呢？

难度等级 ★★☆☆☆

无法跨过的铅笔

放一支铅笔在地上，要使任何人都无法跨过，怎么做？

难度等级 ★★☆☆☆

紧急避免的车祸

有一辆没有开任何照明灯的卡车在漆黑的公路上飞快地行使，天还下着雨，没有闪电、没有月光，也没有路灯。就在这时，一位穿着一身黑衣的盲人横穿公路！在这千钧一发之际，汽车司机紧急地刹车了，避免了一次恶性事故的发生。为什么会是这样呢？

难度等级 ★★☆☆☆

渎职的警察

在美国城市街道的交叉路口上，明文规定着，有步行者横穿公路时，车辆就应停在人行道前等待。可是偏偏有个汽车司机，当交叉路口上还有很多人在横穿马路时，他却突然撞进人群中，全速向前跑。这时旁边有个警察看了也无所谓，并没有责怪他，你知道是为什么吗？

难度等级　★★★☆☆

奇特的经历

某人有过这样一次经历，他乘坐的船驶到海上后就慢慢地沉下去了。但是，船上的所有乘客都很镇静，既没有人去穿救生衣，也没有人跳海出逃，却眼睁睁地看着这条船全部沉没。

这是为什么？

难度等级　★★☆☆☆

小狗多多

小狗多多被一根 10 英尺长的绳子拴在一棵树上。它想到它的狗食盆那儿去，盆子离它 15 英尺远。于是多多跑去并开始吃起来。没有诡计，绳子没有断，树也没有弯。

那么多多是怎么做到的呢？

难度等级　★★☆☆☆

分蛋糕的卡比

蛋糕房里的伙计卡比一天收到了一份奇怪的订货单：定做 9 块蛋糕，装在 4 个盒子里，每个盒子里至少要装 3 块蛋糕。这可难倒了卡比，但最终他还是做到了。

你知道他是怎么做的吗？

难度等级　★★★☆☆

筷子妙用

三根竹筷三个碗，每两个碗之间的距离都大于筷子的长度，三个碗之间怎样才能用筷子连起来？

难度等级　★★★☆☆

聪明的司机

一位司机驾驶着小轿车会见朋友，半路上忽然有一个轮胎爆了。当他把轮胎上的 4 个螺丝拆下来，从后备箱里把备用轮胎拿出来时，不小心把 4 个螺丝踢进了下水道。但聪明的他依然把车子开了出去。

你知道他是怎么做的吗？

难度等级　★★★☆☆

哥哥的特异功能

弟弟是个小懒虫，每次早上醒了都不愿意起床，他怕哥哥叫他，就躺在床上装睡。哥哥也有对付弟弟的办法，每次见弟弟装睡，哥哥就会说："小弟，你别装睡了。我有特异功能，知道你在装睡。"

哥哥每次都能猜中弟弟在装睡，准确率达百分之百。究竟哥哥是怎么猜的呢？

难度等级　★★☆☆☆

谁是冠军

在学校一年一度的运动会上，芳芳不负众望，经过一番激烈的较量，终于杀入决赛。到了决赛的时候，全班同学都给芳芳加油鼓劲。芳芳很有信心，一听到枪响，第一个就冲出了起跑线，而且一路上都没有被其他任何选手超过。

但是最后，第一个冲到终点线的人却不是芳芳，芳芳也没有在半途弃权。

这到底是怎么回事呢？

难度等级　★★★☆☆

哈林捡球

哈林是一名网球爱好者。一天，她在打网球的时候，不小心把球掉进球场的一个小洞里。这是一个老鼠洞，这个洞太深了，她够不到，而且由于洞到了中间就拐弯了，所以即便用木棍也无法把球拿出来。但是她并没有气馁，她很快就想出来一个好办法，并在 2 分钟之内把球拿了出来。

那么，她是如何没有把球场挖开就拿到球的呢？

难度等级　★★☆☆☆

摘苹果

从前，有一个没有双眼的人在赶路。走了很久，饥渴难耐，突然他看见路边有一棵苹果树，上面还结着几个苹果。于是他就走过去摘下来几个，而且又给树的主人留下了几个。

请问，他是怎么做到的呢？

难度等级　★★★☆☆

考　试

松本在学校考试时总是作弊，总是偷偷地看其他同学的答案。终于有一次，井上老师把他抓了个正着，就告诉了松本的家长。第二天上学的时候，妈妈对松本说："听说今天还有考试，你千万不要再作弊了啊！"与松本一起上学的同学高桥听到后说道："阿姨，今天他绝对不会作弊了。无论怎么看别人的都没有关系。"

那么，高桥怎么会知道这件事的呢？

难度等级　★★★☆☆

洞穴的秘密

松平是一个寻宝爱好者。他听说有一个洞穴里面藏着无数稀世珍宝，于是就慕名前往。到了一看，果然如传说的那样，有一个又大又黑的洞穴，而且洞口还有很多脚印。但是，松平看到这些脚印不是进去，而是转身往回走。要注意的是，他身上带的装备很全，不是忘记了什么。

那么，这是怎么一回事呢？

难度等级　★★★☆☆

答案

分辨真花和假花

打开窗户，让蜜蜂飞到房间里来，蜜蜂只采真花的花蜜。

真假古铜镜

公元前四十二年的时候，公元纪年的概念还没有出现；汉字的公元纪年到 20 世纪才有。中国在使用公元纪年前，是使用帝号纪年法和干支纪年法的。

烟的方向

可能。如果当时的风向和风速与这艘船的方向、速度相同，那么对船而言，就相当于处于无风状态，这时烟会直直地往上冒。

聪明的马克·叶温

马克·吐温寄的是一本字典。牧师讲的每一个字，字典里都有。

奇怪的来信

寄信人先用铅笔在收信人地址处写上自己的地址，然后随便在信封里装一张纸把信寄出去。等第二天信寄回自己家后，他用橡皮擦掉自己家的地址，再用钢笔写上老王家的地址。第二天再把当天早上的报纸装到信封里，封好直接丢到老王家的信箱里，就能引起老王的误解了。

荒谬的法令

不可能实现国王的初衷。

假设所有的女人生头胎的比例为男女各占一半。如果母亲生了男婴就不能再生孩子，生女婴的母亲仍然可以生第二胎，比例是男女各占一半。这一轮生男婴的母亲不能再生第三胎，剩下来的母亲仍然可以生第三胎。

在每一轮的比例中，男女的比例都是各占一半。因此，将各轮生育的结果相加，男女比例始终相等。当女孩们成为新的母亲时，上面的结论同样适用。

潮水何时淹没绳结

如果不考虑水涨船高绳也高的现象，那么潮水是永远都不会淹没第四个绳结的。

环球旅行

没道理，因为飞机越过南极和北极之后，就会改变方向。

哪只狗流汗多

都不流汗。

狗的汗腺不发达，不管天气多么热或者刚刚运动完，也不会出汗。狗经常伸出舌头喘气，就是让体内部分水分由喉部和舌面排出，这是狗散发体内热量的一种途径。

拿鸡蛋回家

可以把篮球里的气放掉，把球的一面压瘪，使球呈碗形，然后把鸡蛋放在里面拿回家。

房子在哪里

北极或者南极。

一句话定生死

囚犯说的话是："你一定砍死我。"国王听了左右为难，因为如果真的砍了他的头，那么他说的就成了真话，而说真话的应该被绞死；但是如果要绞死他的话，他说的话又成了假话了，而说假话的人是应该砍头的。

叔父的遗产

遗产就是那张以花草为背景的信纸，因为画家在国际上颇负盛名，而这张以花草为背景的信纸是他的最后一幅画，不久的将来会变得非常值钱。

过　桥

从南来和向北去是同一个方向，他们可以一前一后过桥。

面不改色的阿凡提

水面一点儿也不会升高，因为冰块融化后水的体积正好等于它排开水的体积。

水会不会溢出来

把小金鱼放进去，水同样会溢出来。可不是类似"金鱼会把水喝到肚子里去"这样的答案哦。

鸡蛋落下的方向

鸡蛋当然是朝下落。

水桶里有多少水

把水桶半倾，如果水盖不住桶底又没有溢出来，说明少于半桶；如果持平，则表明刚好是半桶；如果水溢出来，就表明水多于半桶。

违章建筑

老李从自己家中用幻灯机把"违章建筑"4个字打到隔壁房子的木板上，这么一来，只要这个木板不拿走，无论采用什么办法，这4个字都不会消失。

爱动脑的小家伙

先把空袋子的里面翻到外面，接着将袋子上半部分的大米倒入空袋子，解开原先袋子的绳子，并将它扎在已倒入大米的袋子上，然后把这个袋子翻过来，再把小米倒入袋子。这时候，把已倒空的袋子接在装有大米和小米的袋子下面。把手伸入小米里解开绳子，这样大米就会倒入这只空袋子，另一个袋子里就是小米。

闹钟停了

原来，小青离开家的时候已换了电池，闹钟也开始走了。他出去的时候看了钟，归来的时候也看了钟。根据这台闹钟就可确定他不在家的时间。到了熟人家和离开熟人的家，小青也看了他家的钟，因而可以确定在熟人家停留的时间。

以不在家的时间减去在熟人家停留的时间，即是小青在来回路上花掉的时间。在熟人家挂钟看到的时间加上来回路上小青花掉的时间的一半，即是他把闹钟拨到正确位置的时间。

罗马古币

考古学家意识到，公元纪年始于耶稣诞生之后。在那之前的古币制造者是不可能预见到会有这种纪元方法的。公元前铸造的钱币，上面绝对不会这样来标记年份。

花瓣游戏

后摘者只要保证花瓣剩下数量相等的两组（两组之间）以被摘除花瓣的空缺隔开，就一定能赢得这个游戏。

比如，先摘者摘一片花瓣，则后摘者摘取另一边的两片花瓣，留下各有5片的两组花瓣。如果先摘者摘取两片花瓣，则后摘者摘取1片花瓣，同样形成那种格局。之后，前者摘除几片，后者就在另一组中摘除同样多的花瓣。

通过这种办法，到最后那一步，

思维游戏总动员丛书

她肯定能赢得最终胜利。

哪个学生聪明

用笔在书的侧面画一条直线就可以了。这样，也就相当于在书的每一页上留下一个点了。

老人的遗嘱

两人交换他们的马。

绝妙办法

孙膑说："大王，我没有办法让你自己从山脚下走到山顶上去。可是，让你从山顶上走到山下来，我倒有绝好的办法。"齐威王不信，就与大臣一起走到山顶。这时，孙膑才说："大王，请恕我冒昧，我已经让您自己走到山顶上来了。"这时人们才恍然大悟。

单只通过

由一只蚂蚁把沙粒拉出凹处，放在通道里；然后另一只蚂蚁进入凹处；再由那只蚂蚁推着沙粒过凹处后暂停；然后另一只蚂蚁爬出凹处，沿通道爬走；最后那只蚂蚁将沙粒拖回凹处，自己走开。

巧倒豆豆

先把袋子上半部的红豆倒入空袋子，解开袋上的绳子，并将它扎紧在已倒入红豆的袋子上；接着把袋子的里面向外翻，再把绿豆倒入袋子。这时候，把已倒空的袋子接在装有红豆和绿豆的袋子下面，将手伸进绿豆里解开绳子，红豆就会倒入空袋子中，另一个袋子就只剩绿豆了。

糊涂答案

老年人和年轻人是父女关系。之所以许多人对此题久思而未得其解，是由于陷入逻辑思维的障碍，导致错误接受题目的心理暗示，认为那名年轻人是男性。但其实题目中，并没有任何条件规定年轻人必须是男性。

洞中捉鸟

可用沙子慢慢将洞灌满，小鸟便会因为沙子的增多而往洞口移动。

过　河

先把狗带到对岸，然后返回，把一只小羊带过去，顺便把狗带回原岸，把另一只小羊带到对岸。然后再返回，把狗带过去。

过独木桥

姐姐的爸爸将两位小孩放进扁担两边的箩筐中，只要转一个身，两位小孩就能互相调换位置，顺利过桥。

怎样逃生

把30千克的铁链装在篮内，并将它下降到地面，这时空篮升起，坐上小姑娘（40千克），于是坐着小姑娘的篮子下降，而装有铁链的篮子上升。小伙子取出铁链让侯爵女儿（50千克）坐进篮内，这时侯爵女儿坐的篮子下降，坐小姑娘的篮子上升。侯爵女儿走出篮子，而小姑娘从上升的篮子走入塔内。

现在小伙重新在上升的篮子装入铁链，第二次使它下降到地面，再让侯爵的女儿坐入装有铁链的篮内（50千克＋30千克＝80千克），小伙子自己则坐在上升的篮内（90千克）。小伙子坐的篮子下降，并从篮子走出来。侯爵女儿坐的篮子上升，并从篮子进入塔内。这时铁链仍在上升的篮内。

第三次使装铁链的篮子下降到地面，上升的空篮子里又坐上小姑娘（40千克），并下降到地面，同时装铁链的篮子上升。塔内侯爵的女儿（50千克）取出铁链，坐入篮内，这时篮子下降，坐小姑娘的篮子上升。下降后侯爵的女儿走出篮子到地面，小姑娘从篮子走入塔内。小姑娘又把铁链放进篮内，并使它重新下降地面，她自己又重新坐入空篮。小姑娘坐的篮子又下降到地面，她便走出篮子到地面。

这样三个人都下降到地面逃走了。

客车怎样通过小站

把停在站上的客车的最后三节车厢开进尽头支线，并脱钩，然后把客车的其余部分慢慢向前开，驶来的列车也跟着客车向前开到尽头支线，再在它的尾部挂上客车脱钩的三节车厢，然后一起倒开。同时，客车剩下的部分（火车头和两节车厢）开到尽头支线，这时开来的客车与三节车厢脱钩，便可顺利地开出小站了。

巧分油

让这两个瓶子浮在水面上，将油彼此互倒，直到两个瓶子浮在水面的高度相等时，油也相对被均分。

故事接龙

她接道："写到这里，年轻的作家一把撕去稿纸。他不由地自言自语：'如此俗套无聊的老故事，怎会出自我的手笔呢！'"

隧道里的火车

两列火车在不同的时间里驶入隧道。

按惯性思维，列车从相反方向以最高速度驶入单行隧道，它们是不可能不相撞的。但是，我们利用一下创新思维，注意一下命题中所给的时间限制是"一天下午",一个下午的概念是六个小时,从中我们可以得到答案,两列火车到达隧道时的时间是不同的。

寻找戒指

先把包裹分成 3 个一组,取其中两组称。如果秤上有一组比较重,那么戒指在这 3 个包裹的一个里面;如果秤上两组一样重,那么戒指在另外 3 个包裹的一个里面。然后在 3 个包裹里取两个摆到秤上称,如果有一个比较重,那么戒指就在这个包裹里;如果两个一样重,那么戒指就不在秤上的那个包裹里。

升斗的妙用

用升斗斜着量就可以做到。

旧有的思维习惯紧紧追随着我们,我们使用量杯或升斗时,常习惯于平直地计量体积。当你为解答这道问题而愁眉不展时,你可能从没想到改变一下升斗的摆放测量方式,把升斗歪斜使用,改变虽然很小,却是打破习惯和思想解放的表现。有时是很难迈出的一步。与这个问题相似,日常生活中有些货物难以进入狭窄的门口时,就需要上下颠倒或前后左右歪斜。

无法跨过的铅笔

放在墙边。

回答这个问题的时候,人们的思维很容易被"打劫",一下子大脑空白,没了主意。跨过一支铅笔,这是连两岁的孩子都能做到的事情。那么我们就要选择灵活的思维方式来设置一个真正无法让人跨过的障碍。

紧急避免的车祸

漆黑的马路是公路的颜色,当时是白天。

当看到这道题中"漆黑"两个字的时候,人们理所当然地就把它认为是用来形容黑夜的,但是出题者就是在这里给我们的惯性思维打出了一个闪亮的信号灯。

渎职的警察

你一定想,车开进了人群,会出人命的,警察怎么这么不负责。可是题中并没有说汽车司机开着车呀!在日常生活中,提到汽车司机,人们的头脑中就会出现司机驾驶汽车的形象,所以,好多误解是我们没有认真看题的结果。汽车司机步行也是可以的,如果他步行着走进人群,全速向前跑,警察当然不会管了。

奇特的经历

他们坐在潜水艇里。

乍一看,这是一件不可思议的事情,但是在不可能中寻找可能,万事总有原因，万事总有特例，而潜水艇就是普通船只中的特例。

小狗多多

因为小狗多多被拴在一棵树上，所以它可以到达以树为中心、半径10英尺之内的任何一个地方。它的食盆在距离树5英尺的地方，在多多出发地的相反方向上。

分蛋糕的卡比

如果运用常规思维我们也许真的无法解决这一难题，但是聪明的卡比进行了非常有创意性的思维。他先将9块蛋糕分装在3个盒子里，每个盒子放有3块蛋糕，再把这3个盒子一起放在1个大盒子里，再用丝带扎好。

筷子妙用

试一试，让三根筷子互相利用，跷起来就搭成一座桥把三个碗子连起来了。a筷在c筷下、压着b筷；b筷在a下、压着c筷；c筷在b筷下、压着a筷。

聪明的司机

从其他3个轮胎上各取下1个螺丝，用3个螺丝去固定刚换下来的轮胎。这样他就可以把车子开到最近的修车厂了。

哥哥的特异功能

因为每次猜之前，哥哥总会说："小弟，你别装睡了……"所以如果哥哥没猜中，睡觉的弟弟也不会知道；而当弟弟装睡时，自然也就可以听到哥哥的话了。

谁是冠军

因为芳芳跑的是接力赛的第一棒。她率先冲出起跑线，半途也没有被人超越。但是，即使她们队拿到冠军，芳芳也不可能第一个冲过终点线。

哈林捡球

哈林让俱乐部的场地管理员通过附近的水管把洞里灌满水，这样网球就浮出了水面。

摘苹果

虽然没有双眼，可是他有一只眼睛。

考 试

今天是体育课考试，大家都在户外，当然可以随便看别人的了。

洞穴的秘密

松平看见了有很多进去的脚印，却没有出来的，所以就不进去了。

综合训练

在前面的五章内容中，我们接触了不同类型的思维游戏，也学会了不同的解题方法。那么，效果如何呢？你学会了综合运用这些方法了吗？在本章内容中，我们就来检验一下吧！

硬币如何落下

找一个广口瓶,将一根火柴棒折成"V"形(不用完全折断,使一部分纤维连着),放在瓶口上,再取一枚比瓶口小一点的硬币放在"V"形火柴棒上。

在不用手或者其他工具接触火柴棒及硬币的情况下,用什么办法能使硬币掉落到瓶子里呢?

难度等级　★★★☆☆

机灵的小弟

三兄弟分 24 个苹果。他们商定每人分的苹果数应为 3 年前他们各自的岁数。最小的弟弟很机灵,给大哥、二哥提出条件:

我留下自己分得的苹果一半,其余的分给你两人各一半。之后让二哥同样留下一半苹果,另一半给我和大哥各一半。这样的做了之后让大哥把他这时得到的所有苹果的一半留下,另一半分给我和二哥各一半。

两位兄长没怀疑小弟的诡计,同意了小弟提出的条件。分后发现每人分得的苹果一样多。

请问,三兄弟的年龄各是多少?

难度等级　★★★☆☆

分大米

一袋大米重 9 千克,需分成 7 千克和 2 千克两袋。现在只有一台台秤,而且仅有 50 克和 200 克的砝码。请你最多称三次,把这袋大米分成 7 千克和 2 千克两袋。

怎样分法?

难度等级　★★★☆☆

不用计算的数字

可以用推理解决这样和那样的问题,特别是在能建立正确推理链的时候,有时比用数学计算还快。用数学思想学会分析和思考,就可不用公式计算回答问题。下面所说的就是这样的问题。

我走进房内想从衣橱中拿出我的皮鞋和袜子,可是房内电灯坏了,漆黑一片。我只知道我的 3 双皮鞋和 12 双袜子放在衣橱内的地方,也知道 3 双鞋子的差别,并且知道 12 双袜子是黑色和褐色的。

鞋和袜子都在原来放的地方摸到了。但 6 只鞋子混乱地堆成一堆,24 只袜子混乱地放在一起。

你说，我应在漆黑的房中至少拿出多少只鞋和多少只袜子，才能保证我穿的是一个样式的鞋和同一颜色的袜子？

难度等级 ★★★☆☆

请病假

有一天，凯凯不想上学，就让同学帮他带一张请假单给老师。为了表示自己病得很严重，凯凯用圆珠笔写了满满一张纸来描述病情，并强调自己因为虚弱得无法起身，而躺在病床上仰写。但老师看过之后，立刻就知道凯凯是想装病逃课。

究竟老师是如何看出来的呢？

难度等级 ★★☆☆☆

三家分苹果

有张三、王四、李五3家，商定9天之内每家各打扫3天楼梯。由于李五家有事，没能打扫成，而由张三家打扫了5天，王四家打扫了4天。李五家买了9斤苹果以表谢意。

按张三、王四家所付出的劳动，应该怎样分配这9斤苹果？

难度等级 ★★☆☆☆

老板损失了多少

有个人在A店铺买了90元的东西，然后交给店铺老板一张100元的钞票。由于店铺老板正好没有零钱可找，便到隔壁B店铺兑换了零钱，找给这个人10元钱。

过了一会，B店铺老板发现这张100元的钞票是张假钞，便找到A店铺老板要求赔偿。A店铺老板无奈，只好又赔偿了B店铺老板100元钱。过后，A店铺老板非常气恼，认为自己损失了200元；而B店铺老板安慰他说，只损失了10元。

究竟A店铺老板损失了多少钱？

难度等级 ★★☆☆☆

大苹果与小苹果

有两筐各30千克的苹果要卖。其中，一筐大苹果每2千克卖6元，另一筐小苹果每3千克卖6元。这时有个人过来说："这样分开卖，还不如搭配着卖。2千克大苹果搭配3千克小苹果，一共卖12元。"卖苹果的认为这个建议合理，就开始搭配着卖。于是这个人又说："那我就全买了。5千克搭配苹果12元，60千克为 12 × 12 = 144 （元）"。

卖完苹果后，卖苹果的人发现上当了。卖苹果的人怎么上当的呢？

难度等级　★★☆☆☆

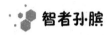

智者孙膑

田忌是战国时期齐国的一员大将，他经常应国君齐威王之邀，与齐威王赛马。按比赛规则，双方各出上等马、中等马、下等马各一匹。最后按胜负次数定输赢。

由于齐威王的每一等级的马都要比田忌的相应等级的马优良，所以每次比赛，田忌总是以连输三阵而败北。此事被田忌好友、齐国的军师孙膑知道了，于是他给田忌出了个主意，使得田忌在以后的比赛中，还是用原来的马，却总是轮到齐威王屡屡败北了。

孙膑给田忌出了什么主意？

难度等级　★★☆☆☆

何时送出鱼翅宴

元旦，企业的 10 个同事一起到海鲜楼聚餐。在雅间里，有的人希望按年龄大小就座，有的建议按资历就座，还有的人要求按个头就座，大家争论不休。

大堂经理说："大家先任意坐下吧，我有个好办法。"

10 个同事听了大堂经理的话，不再吵吵嚷嚷，随意坐了下来。大堂经理继续说："大家记下这次座位的次序。等第二次来这里进餐时，再按别的次序就座；第三次再按新的次序就座，以后每次来都按新的次序，直到每个人把所有的位子都坐过为止。如果有一次正好每个人又坐在现在所安排的位子上，我将用本店最昂贵的鱼翅宴免费招待你们。"大家听了，都觉得这是一个好办法。

你认为这个办法怎么样？大堂经理隔多久会送出鱼翅宴呢？

难度等级　★★☆☆☆

白猫的噩梦

一只白猫在主人家生活得非常惬意，每天不用去捉老鼠，就有鲜美的鱼入口。可是，有一天，它却做了这样一个梦：它被 13 只老鼠（12 只黑老鼠，1 只白老鼠）层层围住，13 只老鼠叽叽喳喳地一起朝它吼叫："大笨猫，凭你的本事可以吃掉我们吗？"白猫不服地说："虽然我久未捕鼠，对付你们几个还是不成问题的！"领头的大老鼠说："有本事你就顺一个方向每数到第 13 只就把这只老鼠吃掉，而最后被吃掉的老鼠一定要是那只白色的老鼠。"听到这么离奇的要求，白猫一下子从梦中醒了过来。

如果白猫想吃到这顿"大餐"，应该从哪一只老鼠数起呢？

难度等级　★★☆☆☆

硬币的问题

假设你有 3 个硬币，1 个一面正面一面反面，1 个两面都是正面，1 个两面都是反面。它们都放在 1 个口袋里。如果你从中取出 1 个放到桌子上，不去看它，那么它两面相同的概率是多少？

难度等级　★★★☆☆

泄密年龄的公式

一位神奇的魔术师声称他拥有一个带魔力的公式，只要女士把自己的出生日期和年龄带入这个公式的相应位置，魔术师就能知道这个人的年龄，这对于想要保密的大龄女士来说是一个坏消息。

这个公式是：［（出生月日）×10 + 20］× 10 + 165 +（你的年龄）= ？

不信，你来试一试，在不让魔术师看到 39 情况下，把你的出生日期和年龄对号入座，然后将最后的数字告诉魔术师，魔术师就能说出你的年龄。

你能想到其中的秘诀是什么吗？

难度等级　★★☆☆☆

螃蟹比赛

两只螃蟹在一起争论不休，红螃蟹说自己体长 20 厘米，如果与黑螃蟹赛跑一定可以取胜。黑螃蟹不服气，认为自己虽然只有 15 厘米长，也不是没有获胜的机会。

你认为它们谁会取得胜利？

难度等级　★★☆☆☆

选择哪只钟

爷爷总是敝帚自珍，你看，他有两只钟，一只钟每天只准一次，另一只钟一天慢一分钟。爷爷想把其中一只钟送给朋友。如果是你，你会选择要哪一只钟？

难度等级　★★★☆☆

谁是贫困生

Jane、Kate 和 Lily 是同一所大学的学生。她们中有两位非常聪慧，有两位非常有气质，有两位是才女，有两位家境富裕。每个人至多只有三个令人注目的特点：

对于 Jane 来说，如果她非常聪慧，那么她家境富裕；

对于 Kate 和 Lily 来说，如果她们非常有气质，那么她们也是才女；

对于 Jane 和 Lily 来说，如果她们是家境富裕的，那么她们也是才女。

学校需要推选出一名贫困生给予助学金。你知道她们三人中谁是贫困生吗？

难度等级　★★★☆☆

同颜色的糖块

爸爸出差回来，送给小敏一盒糖作为礼物。这盒糖非常漂亮，有红、黄、蓝 3 种颜色。小敏觉得很开心，她蒙上眼睛，伸手去糖盒里抓糖。请问：至少要抓多少块，才能确保小敏抓到的糖中至少有两块是同样颜色的？

难度等级　★★☆☆☆

抛硬币的概率

李梅写完作业，就随手拿了一枚硬币向上抛着玩。她抛了 15 次，每次都是正面朝上。如果她再抛一次，正面朝上的概率是多少？

难度等级　★★☆☆☆

分苹果

一家有兄弟姐妹 3 人（甲、乙、丙）。一天午饭后，甲洗了 4 个苹果放在桌子上。如果每人分 1 个还剩 1 个。甲说："我们用抛硬币的方式来决定吧。我们抛两枚硬币，如果落下后两枚都是正面就让乙吃；两枚都是反面就让丙吃；一个是正面，一个是反面，苹果归我吃。你们看怎么样？"乙、丙很聪明，马上就猜到了甲的心思，都说："这样分配不公平。"

你知道乙、丙为什么这么说吗？

难度等级　★★★☆☆

互相矛盾

何先生从超市里选完东西后，到柜台付钱。收银员问他："刚刚好吗？"何先生干脆地说："刚刚好！"

思维游戏总动员丛书

然后他从钱包里掏出 300 元付账，收银员还找给他 7 元。

何先生与收银员的对话和实际动作相矛盾，这是怎么回事呢？

难度等级　★★★☆☆

七环金链

瑞芳在家珠宝公司工作，由于她工作积极，所以公司决定奖励她一条金链。这条金链由七环组成，但是公司规定，每周只能领一环，而且切割费用由自己负责。

这让瑞芳感到为难，因为每切一个金环，就需要付一次昂贵的费用，焊接回去还要再付次费用，想想真不划算。聪明的瑞芳想了一会儿之后，发现了个不错的方法，她不必将金链分开成七个了，只需要从中取出一个金环，就可以每周都领一个金环。

她是怎么做到的呢？

难度等级　★★☆☆☆

自动售货机

老王从来没有用过自动售货机。一次，他非常想吃罐头，又懒得跑到远处的超市，就向楼下的自动售货机中投入 10 元硬币，试试这个新鲜事

物。他按下按钮，可果汁罐头并没有出来。之后，老李走过来买东西，他在同一个自动售货机的同一个地方投入 10 元硬币，然后按下和老王相同的按钮，这次果汁罐头出来了。

自动售货机并没有坏，这是怎么回事呢？

难度等级　★★☆☆☆

电话骗局

崔经理到某地要账，可是对方一见是他的手机号就根本不接听。没办法，崔经理只有到公用电话亭打电话。谁料对方的电话中传出"本机已暂停使用"的信息，他无奈地挂掉电话。但不久他就发现这是一个骗局。

信息确实是电信局语音机播放的，电话也没有呼叫移转，为什么崔经理会发现是骗局呢？

难度等级　★★★☆☆

加薪方案

在年终总结大会上，公司公布了两个加薪方案：第一个方案是 12 个月后，在 20000 元年薪的基础上每年提高 500 元；第二个方案是 6 个月后，在 20000 元年薪的基础上，每半

年提高 125 元。不管选哪一种方案，公司都是每半年发一次工资。

员工对这两种方案议论纷纷，支持哪一个的都有。

如果你是工会代表，那么你应该向职工推荐哪一个方案呢？

难度等级　★★★☆☆

砝码的变化

一个滑轮上吊着一根绳子，摩擦力忽略不计。绳子的右端挂着一只砝码，重 500 克，一只小松鼠攀在绳子的左端，恰好能与砝码保持平衡。

如果此时松鼠开始顺着绳子向上爬，绳子右端的砝码会如何变化呢？

难度等级　★★☆☆☆

飞离北极

一架飞机从北极点出发，往南飞行了 50 千米后又往东飞行了 100 千米。此时，飞机离北极点多远？

难度等级　★★☆☆☆

垂吊在水面上的绳梯

在一艘轮船上，向水面垂吊着一个绳梯。现在，水面正好在第 9 磴处。假如海水以每小时 40 厘米的高度不断上涨，那么 2 小时后水面该在绳梯的第几磴处？（绳梯磴与磴间的距离是 30 厘米）

难度等级　★★☆☆☆

巧妙的方法

在一张纸上，有一个直径为 3 厘米的圆洞。现在要求从这个圆洞中穿过去一枚直径为 4 厘米的纪念币，应采用什么方法？

难度等级　★★☆☆☆

需要多少只鸡

姥姥家养了很多鸡，李宏观察了几天，发现 5 只鸡 5 天下了 5 只蛋。如果 100 天内要下 100 个蛋，需要多少只鸡？

难度等级　★★☆☆☆

怎么样做才公平

3 名学生参加了学校组织的野外训练营。第一天中午吃饭时，李梅拿出 5 个面包，王强拿出 3 个面包。张伟没有带面包，想与李梅和王强一起分吃面包，并表示愿意按照面包的价

思维游戏总动员丛书

格付钱，得到李梅、王强的同意。于是 3 人平分了所有的面包。

吃完后，张伟一共给李梅、王强 8 角钱。王强给李梅 5 角钱，但李梅认为她应该得到 7 角钱，王强只该得 1 角钱才公平。

你认为李梅的观点对吗？

难度等级　★★★☆☆

破案秘诀

某国两名男子因涉嫌盗窃罪被逮捕，之后在不同的房间接受审讯。两个人都知道这个国家的法律是只要犯罪嫌疑人招供就能减轻刑罚，但是无论刑警如何审问，两人都一直保持沉默。

不过，在刑警分别对两人耳语了一件事情之后，两人立刻转变态度，招出了事情的真相。你知道刑警到底说了什么吗？

难度等级　★★★☆☆

世界之窗

"塞门，今天是这个工程的最后一天，而这个组就剩下我们两个人了。为了完成这个'世界之窗'的雕塑我们已经花了好几个月的时间，要知道这个月数跟我们组的人数相同！"

"是啊，路易斯，如果我们组再多 6 个伙伴的话，那么我们就可以在 1 个月内把这个雕塑完成！"

你能否根据上面的对话所给出的信息判断出雕塑组一共有多少人呢？

难度等级　★★★☆☆

活宝吹牛

南希和琳娜是班上的两大活宝，特别受欢迎。她俩有一个共同的特点，就是爱吹牛。自习课上，她俩又开展了一场吹牛比赛，比赛谁吃得多。南希说："我能把江里的水一口喝了，我能把南极洲当蛋糕吃了，我还能把地球当成丸子一口吃了。"琳娜说了一句话，南希输了。

你知道琳娜说的是什么话吗？

难度等级　★★☆☆☆

专业的刑警

霍米先生是一名经过专业训练的刑警。基于他出色的表现，上司让他去欧洲免费度假。一天，他在海滩上享受完日光浴后，回到了宾馆。正在这时，走廊上传来女人的呼救声。他循声找去，在 213 房间门前站着一个年轻妇女在哭喊着。从开着的门看到房间里一个男人倒在安乐椅上。对尸体做了简单检查后，确认此人刚死，子弹穿入心脏。

当地警署也派人来了。那个年轻妇女边哭边说："几分钟前，听到有人敲门。我打开门时，门外一个戴面具的人，朝我丈夫开了枪，把枪扔进房间就跑了。"地毯上有一支装着消音器的手枪，左侧两个弹壳相距不远，在死者身后的墙上有一个弹洞。

霍米告诉警署人员："把这位太太带回去训问。"

霍米为什么对死者的妻子产生了怀疑呢？

难度等级 ★★☆☆☆

去农场的路

斯特去农场时，要经过一条没有桥的河，而且河水很深。可斯特却能够迅速地从河的一侧跑到另一侧，并且他的身上是干的，没有一滴水。

你知道这是为什么吗？

难度等级 ★★☆☆☆

侦探行动

约瑟安是一名侦探，最近，他查到了一伙抢劫犯。这伙抢劫犯现在锁定了一个目标——火车，现在他必须解救午后乘车的旅客。他想发信号使刚刚从隧道中出来的火车停下，但是距离太远。正好，有辆汽车冲出隧道另一端的入口进入，这辆汽车正以每小时 75 千米的速度往前行驶，这条隧道长为 0.5 千米，而火车需要 6 秒钟才能完全进入隧道。如果约瑟安以最快的速度跑，他到达隧道的出口需要 27 秒的时间。

那么，要使火车司机在看到信号后停车，他是否足够快呢？

难度等级 ★★★☆☆

答案

硬币如何落下

在火柴棒上滴几滴水，使水分沿着木质纤维的导管渗进去。待火柴弯曲处的纤维受潮膨胀后，火柴棒自然就会渐渐伸直，硬币便可自动掉进瓶中。

机灵的小弟

根据小弟的意见交换苹果后，三兄弟都是 8 个苹果，所以大哥把自己苹果的一半分给兄弟前应是 16 个苹果，二弟和小弟当时应有 4 个苹果。

二哥在把苹果分给大哥和小弟

前，他有 8 个苹果，而大哥当时有 14 个苹果，两小弟当时有 2 个苹果。由上述可知，在小弟分自己的苹果前，他有 4 个苹果，二哥有 7 个苹果，大哥有 13 个苹果。

因为开始分得的苹果数是三年前他们各自的年龄数，所以现在小弟是 7 岁，二哥是 10 岁，大哥是 16 岁。

分大米

第一次，不用砝码把 9 千克分为两部分，各 4.5 千克；第二次，不用砝码将分得的 4.5 千克又分为两部分，各重 2.25 千克；第三次，将分得的 2.25 千克用砝码 250 克称出 250 克大米，剩下的就是 2000 克。

其他各部分之和就是 7 千克大米了。

不用计算的数字

至少拿出 4 只鞋和 3 只袜子，从衣橱拿出 4 只鞋，必定有 2 只是同一式样的。从衣橱拿袜子，3 只袜子中必定有 1 双是同颜色的。

如果仅拿出 2 只或 3 只鞋，由于 3 双鞋的样式都不同，就可能出现 2 只或 3 只样式不同。

如果仅拿出 2 只袜子，则可能出现 2 只袜子的颜色不相同。

请病假

圆珠笔如果倒着朝上写字，墨水会因逆流而很快写不出字。

三家分苹果

张三家得 6 斤，王四家得 3 斤。

似乎应将 9 斤苹果按张三、王四家所劳动的比例——5∶4 来分配，于是张三家得 5 斤苹果，王四家得 4 斤苹果。但这种分配是缺乏分析力的想当然的分配。

之所以会有这种想当然，是因为本题中的"张三、王四、李五"等文字带有数字，无形中起了一种干扰的作用，使得思维只想紧紧抓住"5 天、4 天、9 斤"的关键数字以力排干扰，于是很容易将这些数字之间的合比例关系作为"第一感觉"，将解决问题的思路定为"按现有合比例分配"。其实，这种简单的"现有数字合比例"是一种隐藏了正确比例关系的假象。我们不妨重新整理、组合一下题干中所出现的各种关系。

首先，不妨先将"张三、王四、李五"改变为 A、B、C；其次，再整理 A、B、C 三家对打扫楼梯的关系以及他们相互之间的关系。

A、B、C 三家对打扫楼梯的关系是每家各打扫 3 天。在此基础上，A 与 C 的关系是帮助 2 天与被帮助 2 天的关系；B 与 C 是帮助 1 天与被帮助 1 天的关系。在这里，不能将 A、B

两家与打扫楼梯的关系混同于 A、B 两家对 C 家的关系。所以，A、B 两家自己所应打扫的 3 天不能重复计算在内。这样，C 对 A、B 的酬谢就只能按 2：1 的比例划分，而不应当按 5：4 的比例划分了。

所以，A 所代表的张三家应得苹果 6 斤，B 所代表的王四家应得苹果 3 斤。

老板损失了多少

A 店铺老板只损失了 100 元钱。

A 店铺老板的气恼在于，他认为自己损失的钱包括被买走的 90 元钱的东西，找出去的 10 元钱，赔偿给 B 店铺老板的 100 元钱。总共为 200 元钱。

B 店铺老板的安慰在于，他认为 A 店铺老板从自己这里拿了 100 元钱，除找给买东西的人 10 元外，还剩下 90 元。这次赔偿自己 100 元钱，实际上只损失了 10 元钱。

但他们的这种思考，都被表面现象缠绕住了。我们还是从这次交易的各种关系入手分析。

A 店铺与买东西的人是买卖东西的交易关系，A 店铺与 B 店铺老板是兑换零钱的关系，所以，他们之间分别是两个对称性关系。

首先，先看 A 店铺老板与买东西的人之间的关系。这个人付了 100 元的假钞，拿上 90 元的东西和 10 元零钱溜了。他实际上什么也没有支付，因此，在这次交易中，他受益了 100 元钱。由于"受益"与"损失"是相对应的，所以 A 店铺老板损失了 100 元。他们之间的关系是反对称关系。

其次，再看 A 店铺老板与 B 店铺老板之间的关系。由于 A 店铺老板最初给 B 店铺老板的 100 元钱是假钞，所以他如不给予赔偿，就等于 B 店铺老板损失 100 元，与此相对应，A 店铺老板受益 100 元。这也是一种反对称关系。但由于在 A 店铺老板与买东西的人之间已存在的反对称关系，实际上 A 店铺老板将自己的损失转嫁给了 B 店铺老板。由于发现假钞及时，A 店铺老板还给 B 店铺老板 100 元，这就等于是他从 B 店铺老板那里借了 100 元钱，而后又还回去 100 元。所以，A 店铺老板与 B 店铺老板之间的反对称关系已不复存在。在新的对称性关系中，B 店铺老板无所谓损失，也无所谓受益。既然 B 店铺老板没有什么损失与受益，作为对应的 A 店铺老板也没有什么损失和受益。这是一种对称关系。

至于 B 店铺老板的安慰，其错误

在于，在他的结算中，他只分析了 A 店铺老板 10 元钱的货币损失，忘记分析并综合 A 店铺老板 90 元钱的货物损失了。

围绕 100 元假钞的全部问题到此为止，思维紧跟 100 元假钞走的分析结果是，最终 A 店铺老板损失 100 元。

大苹果与小苹果

卖苹果的人之所以上当，是因为将局部成立的比例关系的传递性，当成了整体成立的比例关系的传递性，因而产生了计算错觉。

将大苹果与小苹果搭配着卖，这种思考方法本身并没有疑问。问题在于局部的比例关系向整体的比例关系发展过程中，有没有自始至终的传递性。

实际上，某一事物，当它们的局部成立的比例关系向整体的比例关系发展推广时，这种比例关系并非永远是传递性的，有时可能是非传递性的。亦即，虽然 aRb 真，并且 bRc 真，但 aRc 真假不定。这就需要分析一下合理的比例关系到什么程度为止。

如本题中，30 千克小苹果按 3 千克一份划分，可以分为 10 组；而 30 千克大苹果按 2 千克一份划分，则可以分为 15 组。因此，将它们以 3∶2 的比例搭配时，组合到第 10 组时，小苹果就组合完毕。余下的 5 组 10 千克大苹果就不可能再按 3∶2 的比例组合，只能以大苹果的实际价格来卖了。如果仍然将这 10 千克大苹果按搭配价格来卖，自然就会少卖钱了。

亦即，10 千克大苹果本来应该卖：

6（元）×5（组）= 30（元）

而实际上只是卖了：

12（元）× 2（组搭配）= 24（元）

少卖的 6 元钱就是这样产生出来的。

所以卖苹果的人少卖了 6 元钱。

智者孙膑

让田忌以下等马、上等马、中等马的排列，对阵齐威王的上等马、中等马、下等马。这种一负两胜的结果，自然让齐威王屡屡败北了。

何时送出鱼翅宴

实际上是不可能的。因为隔的日子太久了，是 362800 天，相当于 1000 年。

白猫的噩梦

从白老鼠起（不包括白老鼠）顺时针方向数到第 6 只。必须从这一只老鼠开始，朝一个方向（顺时针方向）绕着圈数。如果要预先确定从哪只老鼠数起，只要按圆画 12 个点和 1 个十字叉，再从十字叉开始数。按圆圈朝一个方向数，把每次数到的第 13 个点划去（如果第 13 个轮到十字叉，那就把十字叉划去），一直数到剩下最后 1 点为止。现在可以把最后这 1 点作为白老鼠，而十字叉位置就是应该开始数起的那只黑老鼠。

硬币的问题

两面相同的概率是 2/3。如果你见到的是正面，就有 3 种而不是 2 种情况：1. 你看见的是有正面和反面的硬币的正面。2. 你看见的是两个正面硬币的一面。3. 你看见的是两个正面的硬币的另一面。在其中两种情况下，两面相同。

泄密年龄的公式

这是一个通用的式子。把最后的数字扣掉 365，前四位数就是你的出生月日，剩下的十位与个位数就是你的年龄。

螃蟹比赛

黑螃蟹赢，因为红螃蟹已经被煮熟了。

选择哪只钟

你可能会想："唉，既然都这么不准，如果非要不可的话，还是选择一天只慢一分钟的钟吧！"我们来想想：那只钟一天慢一分，那么两年内要走慢 12 个小时（即 720 分钟），之后才能重新走得准，因此它在两年内只会准确一次。现在你会不会改变主意呢？

谁是贫困生

Lily 并非家境富裕，她是贫困生。

同颜色的糖块

如果小敏抓 3 块糖，可能是红、黄、蓝 3 种颜色的糖各一种；只有抓 4 块，就一定能保证有两个同样颜色的糖。

抛硬币的概率

1/2。无论谁来抛，也无论抛多少次，这个概率是不会变的。千万不要被题中的叙述迷惑。

分苹果

抛出两枚硬币后，两枚都是正面的概率为 1/4；两个都是反面的概率为 1/4；一个正面，一个反面的概率为 1/2。因此，一正一反出现的可能性是其他两种情况的 2 倍，所以乙、丙不同意这样分配。

互相矛盾

因为他们之间的对话，说的是商品的尺寸是否刚刚好，没有说付款的金额。

七环金链

取出第三个金环，形成 1 个、2 个、4 个三组。第一周领 1 个；第二周领 2 个，还回 1 个；第三周再领 1 个；第四周领 4 个，还回 1 个；第五周再领 1 个；第六周领 2 个，还回 1 个；第七周领 1 个。

自动售货机

自动售货机里果汁罐头每罐卖 20 元。因为老王投的 10 元硬币还在，所以老李再投入 10 元后，果汁罐头就会出来。

电话骗局

崔经理挂断电话后，硬币并没有退回来。这表明电话与对方接通了，而对方却使用答录机来骗人。欠债的人在答录机的留言记录上录下电信局播放"本机已暂停使用"的信息，以躲开崔经理。

加薪方案

第二个方案比较有利。

第一个方案（每年提高 500 元）：

第 一 年：10000 ＋ 10000 ＝ 20000 元；

第 二 年：10250 ＋ 10250 ＝ 20500 元；

第 三 年：10500 ＋ 10500 ＝ 21000 元；

第 四 年：10750 ＋ 10750 ＝ 21500 元；

第二个方案（每半年提高 125 元）：

第 一 年：10000 ＋ 10125 ＝ 20125 元；

第 二 年：10250 ＋ 10375 ＝ 20625 元：

第 三 年：10500 ＋ 10625 ＝ 21125 元；

第 四 年：10750 ＋ 10875 ＝ 21625 元；

砝码的变化

不管松鼠爬的速度、方式如何，松鼠与砝码总是处在面对面的位置。松鼠不可能高于砝码，也不可能低于砝码。

飞离北极

很多人在这里可能又要动用你复杂的大脑了，其实这是一个非常简单的题目。飞机离北极点的距离是 50 千米，它向东飞行时与北极点的距离不变。

垂吊在水面上的绳梯

水面与最初一样，仍在绳梯上第 9 磴处。因为船浮在水上，所以无论涨潮水面升高还是退潮水面降低，绳梯都会与船一起升降。"水涨船高"这个大家谁都明白，但人们常常会忽略这种简单的常识，理论与现实的脱节是生活中随处可见的情形。

巧妙的方法

将纸在圆洞处对折，向左右两方牵拉，使圆洞变成椭圆形状。此时，纪念币就很容易地竖着穿过去了。

需要多少只鸡

仅需 5 只鸡。

怎么样做才公平

正确。虽然李梅与王强的面包数之比为 5∶3，但是他们分给的面包数的比例为：8 个面包 3 个人分，每个人得到了 8/3 个面包。也就是说，李梅贡献了 7/3 个，王强只贡献了 1/3 个，所以王强应该拿 1 角钱，而李梅则应该分到 7 角钱。

破案秘诀

刑警说："那家伙开始招认了。"两人的确是共同犯罪，如果两人都拒不承认，犯罪事实就有可能被掩盖。但如果其中一人为了减轻自己的罪行，声称自己只是共犯而认罪，另一人的罪就会比共犯重。刑警正是利用犯罪嫌疑人的这种心理，成功引诱两人招供。

世界之窗

这个雕塑组一共有 3 个石匠。如果 3 个人用 3 个月将"世界之窗"刻完，那么，1 个人要用 9 个月才能完成，而 9 个人则用 1 个月就可以完成。

活宝吹牛

琳娜说："我能把你吃了。"

专业的刑警

如果真像她所讲的那样，歹徒是在门外朝她丈夫开枪，弹壳就不会落在房间里，也不会落在左侧。因为从自动手枪里飞出的弹壳应该落在射手的右后方几英尺处。

去农场的路

河结冰了，斯特是在冰上走的，所以身上没有水。

侦探行动

以 75 千米/小时的速度，客车穿过 0.5 千米的隧道需要 24 秒（1 小时为 3600 秒，除以 75 千米/小时，得出火车行驶 1 千米需要 48 秒的时间。这样，穿过 0.5 千米的隧道就需要 24 秒）。这就是说，当约瑟安到达隧道出口时，火车头已经从隧道口出来并行驶了 3 秒，因此时间太晚，他无法

思维游戏总动员丛书

引起司机的注意。但是，由于火车完全进入隧道需要 6 秒的时间，所以等最后的车厢从隧道出来也需要 6 秒的时间。从约瑟安开始向隧道出口跑，整个火车需要 30 秒才能驶出隧道。而约瑟安跑到隧道出口需要 27 秒，这可以足够吸引刹车手的注意，从而拯救乘车的旅客。